기독교환경운동연대는 산업화로 인한 공해가 사회 문제로 등장한 1982년 '한국공해문제연구소'로 첫 발을 내딛었습니다. 1997년부터는 기독교환경운동연대로 조직을 확대 개편하여 부설 기관인 (사)한국교회환경연구소와 함께 기독교 신앙을 바탕으로 '교회를 푸르게, 세상을 아름답게 만드는' 운동을 펼쳐가고 있습니다.

(사)한국교회환경연구소는 창조질서를 회복하고 보전하는 한국교회를 만들기 위해 정책 및 방향 설정, 연구 및 실태조사, 교육 및 출판 활동을 진행하고 있습니다. 최근 '한국적 생명경제 프로젝트'를 통해 성서적 생명살림의 관점에서 오늘의 한국교회 현실을 분석하고 생명 신학적 정책과 대안을 모색하는 연구를 진행 중입니다.

도서출판 대장간은
쇠를 달구어 연장을 만들듯이
생각을 다듬어 기독교 가치관을
바르게 세우는 곳입니다.

대장간이란 이름에는
사라져가는 복음의 능력을 되살리고,
낡은 것을 새롭게 풀무질하며, 잘못된 것을
바로 세우겠다는 의지가 담겨져 있습니다.

www.daejanggan.org

이 책은 환경부 2020 사회환경교육프로그램(종교분야)지원사업으로 제작되었습니다.

코로나 팬데믹과 기후위기 시대,

생물다양성에 주목하다

지은이   오충현 신익상 김혜령 이성호
              박재형 이은경 송진순 장동현
역은이   기독교환경운동연대 · 한국교회환경연구소
초판발행   2020년 12월 31일

펴낸이   배용하
등록   제364-2008-000013호
펴낸 곳   도서출판 대장간
              www.daejanggan.org
등록한 곳 충청남도 논산시 가야곡면 매죽헌로1176번길
8-54
편집부   전화 (041) 742-1424
영업부   전화 (041) 742-1424 전송 0303-0959-1424
ISBN   978-89-7071-544-5   93300
CIP제어번호 CIP2020049963

분류   환경 | 생태 | 기독교

 값 10,000원

기후위기와 생물다양성 상실에 직면한 신학의 논의

코로나 팬데믹과 기후위기시대, 생물다양성에 주목하다

오충현 신익상 김혜령 이성호
박재형 이은경 송진순 장동현

차 례

추천사

김정욱

한국교회환경연구소 이사장, 서울대학교 명예교수, 녹색성장위원회 위원장

　지난 반세기 동안에 에이즈, 사스, 메르스, 에볼라, 지카 바이러스, 조류독
감, 돼지 독감, 돼지 콜레라, 돼지 열병, 구제역, 광우병, 코로나-19와 같이
그 전에 인류가 알지 못하던 인수공통감염병이 80여 가지가 세상에 돌았다.
깊은 생태계에 잠자고 있던 병원균들이 경제개발과 기후변화를 타고 가축과
인간에게 퍼져 나온 것이다. 이와 같은 질병들은 지금과 같은 경제성장이 계
속되는 한 앞으로도 계속 터져 나올 것이다.

　　"네가 만일 네 하나님 여호와의 말씀을 순종하지 아니하여 내가

　　오늘 네게 명령하는 그의 모든 명령과 규례를 지켜 행하지 아니하

　　면,… 이 율법책에 기록하지 아니한 모든 질병과 모든 재앙을 네

　　가 멸망하기까지 여호와께서 네게 내리실 것이니 신명기 28:15, 61"

　코로나-19와 더불어 최악의 홍수와 태풍도 우리나라를 비롯하여 동아시
아를 휩쓸고 있는데, 이러한 기후재난이 지난 반세기에 10배 이상 늘었고 그

경제적인 손실은 20배 이상 늘었다. 지난 130년간 지구 평균 기온이 0.85도 오르면서 이 모든 일이 벌어졌는데, 앞으로 닥칠 기후재난은 코로나-19보다도 훨씬 더 큰 충격과 혼란을 가져올 것으로 많은 학자들은 예측하고 있다. 지구 기온이 산업화 이전보다 2도 이상 올라 앞으로 극지방의 동토에 얼어있는 온실가스인 메탄가스가 대량 녹아 분출된다면 지구 기후는 더 이상 통제가 불가능하게 될 것이다. 그 때에는 지구 생물의 95%까지도 멸종할 수도 있다고 보고 있다. 현재에도 많은 생물들이 멸종하고 있는데. 지구 역사상 가장 빠른 속도로 진행되고 있다고 한다. 미국과 영국에서 조사한 바에 의하면, 꿀벌들이 최근 2년 동안에 35~40%가 사라져 식량 생산에 경종을 울리고 있고, 독일에서도 지난 4반세기 동안에 날벌레들이 75% 가량 사라졌다고 한다. 인간도 방역을 하는 재주가 없었다면 이 벌레들과 다름없는 운명을 맞이했을 것이다. 그리고 앞으로 기후변화를 이대로 방치한다면 인류의 멸망을 면하기 어려울 것이다.

이 땅을 하나님이 스스로 보시기에도 참 좋도록 창조하셨다고 믿는다는 기독교인들은 창조세계가 이렇게 망가지는 것을 방관하고 있어서는 안 된다. 이 땅이야 장차 망하든 말든, 이 땅에 사는 생물들이나 인간들이 장차 죽든 말든 자기 욕심만 채우면서 그것을 축복으로 여기는 것은 전혀 성경의 가르침이 아니다. 기후위기를 맞이하여 이 책이 그릇된 물질 축복에 눈이 어두웠던 기독교인들을 회개시키고 새로운 밝은 길로 인도하는데 도움이 되기를 바란다.

머리말

양재성

한국교회환경연구소 상임대표

  기독교 정신을 바탕으로 환경운동, 절제운동, 신앙운동을 벌이며 한국교
회를 대상으로 기독교 환경교육을 실시함으로써 녹색교회, 녹색그리스도인
을 양육하는 한국교회환경연구소가 2020년 생물다양성의 해를 맞아 〈코로
나 팬데믹과 기후위기시대, 생물다양성에 주목하라〉란 제목으로 포럼을 열고
그 발제문과 토론 내용을 책으로 출간했다. 교회환경연구소는 큰 환경현안이
발생할 때마다 신학적 검토를 통해 환경현안을 분석하고 대응을 제시하였다.
이번 포럼에서 코로나 19와 기후위기 상황을 분석하고 생물다양성에 대한 다
양한 목소리를 들었다.

  오충현 박사는 기후위기가 생명을 대량으로 학살하고 있다고 지적하였고,
연구소장인 신익상 박사는 신기후체제를 열어가자고 제안하였다. 김혜령 박
사는 생물다양성과 콩을 중심으로 먹을거리 문제의 심각성을 지적하였고, 이
호성 박사는 생물의 대멸종 위기 시대에 지역사회를 위한 생태 선교적 교회 역
할을 제안하였다. 박재형 박사는 하나님의 형상으로써의 인간의 책임을 주장

하였고, 이은경 박사는 생물 다양성을 지키는 공생의 기독교교육을 제안하였다. 송진순 박사는 구약성서를 기반으로 언약과 노아이야기를 통해 하나님의 생물 다양성을 주장하였고, 연구소 장동현 책임연구원은 생명의 대멸종이 지구 붕괴로 이어지지 않도록 생명 다양성을 확대하는 데 교회가 앞장서길 부탁했다.

코로나 19 상황이 심상치 않다. 코로나 19로 인한 경제, 정치, 생태적 파장은 예상을 뛰어 넘고 있다. 코로나 19는 모든 질서와 패턴을 바꾸고 있다. 그리고 21세기 문명을 전환시키고 있으며 직면한 현실을 깊이 성찰하게 하고 있다. 코로나 19 발생의 원인은 다름 아닌 생태계 파괴에서 찾을 수 있다. 기온이 상승하면서 감염병 발병률을 높였고, 동토 층에 잠들어 있는 고대 바이러스를 깨워냈다. 아울러 생태계 파괴로 인간이 닿을 수 없는 곳에 살던 바이러스가 인간의 몸을 타고 들어와 인간을 공격하기 시작했다. 결국 인류는 지구 온난화 문제 해결을 위한 특단의 조치가 없이는 미래의 안전을 보장받을 수 없음을 코로나 19를 통하여 분명하게 학습하였다.

문재인 정부는 2050년 '탄소 중립'을 선언했다. 탄소중립은 온실가스 배출량과 제거량이 상쇄돼 순배출량이 '0'이 되는 상태이다. 탄소중립은 온실가스를 배출하는 만큼 이를 줄일 수 있는 숲을 조성하거나, 재생에너지 개발에 투자하거나, 탄소배출권을 구매하는 등의 실천을 통해 도달하는 목표치이다. 인류가 2050년 탄소중립에 도달하면 지구 기온이 산업화 이전보다 1.5도 오른 데서 온난화를 멈출 수 있다. 아울러 정부는 "석탄발전을 재생에너지로 대체하겠다"고 발표하였다. 2050년 탄소중립을 현실화하기 위해서는 공사 중인 석탄발전소를 전면 재검토하고 올 해 말까지 유엔에 제출해야할 2030년 온실가스 국가 감축 계획도 현실 가능한 목표치로 수정해야한다.

지금까지 천재지변으로 인한 5번의 대멸종이 있었고 현재 6번째 멸종이 진행되고 있는데 이는 인간의 잘못으로 기인되었다. 다국적기업에 의한 종자 획일화는 종 다양성을 파괴하여 생태계의 건강성을 파괴하였다. 영국 〈가디언〉은 "세계의 곤충들 상당 종이 급속하게 멸종하고 있다"며 "지금 추세라면 한 세기 안에 지구에서 곤충이 완전히 사라지고, 여섯 번째의 '대멸종' 사태가 올 수 있다"고 보도했다. 실제 곤충 멸종은 지구온난화와 함께 당장 조류와 파충류, 양서류 등 곤충 포식 동물들의 생존을 위협하고 있다.

지구 생태계의 건강성은 생태계의 다양성 지수와 비례한다. 1992년 6월 브라질 리우에서 열린 유엔환경개발회의에서 상정된 '생물다양성을 위한 협약'에 158개국이 서명했다. 우리나라는 1994년 10월에 서명했다. 환경부는 생물다양성의 종합적이고 체계적인 보전과 생물자원의 지속가능한 이용을 목적으로 2013년에 '생물다양성 보전 및 이용에 관한 법률'을 제정했다. 그 이후 생물 다양성에 대한 많은 연구와 노력이 있었음에도 불구하고 더 광범위하게 생태계를 파괴해 온 것이 사실이다.

이제 생물의 멸종은 기후변화와 함께 인류가 직면한 가장 심각하고 시급한 과제가 되었다. 생물 다양성 보호와 활성화를 위한 대책이 강구되어야 하는 이유이다. 노아의 방주에 다양한 생물들이 있었음을 상기하고 그 의미를 되새겨야 한다. 물론 이 문제를 풀기 위해 세계 정부가 머리를 맞대고 시급하게 결단하고 결행해야한다. 뿐만 아니라 시민사회종교 진영도 함께 그 길을 모색해야 한다. 이제 지체할 시간이 없다. 다양한 기후비상행동이 추진되어야 하며 생물 다양성을 위한 의미 있는 법안이 제정되고 삶의 방식이 전환되어야 한다.

생물 다양성을 보전하려면 야생 동식물 서식지의 파괴와 변화, 분할을 막아야 한다. 단일작물의 대량경작을 지양하고 종 다양성을 보존하고 확장시켜야 한다. 과도한 육류 소비를 자제하고 채식위주의 밥상을 차려야 한다. 이제 인류는 생존의 기로에 서 있다. 제인 구달 박사는 희망의 지구를 선언한다. 자연을 원래의 상태로 회복하는 재생능력과 생명을 살리고자 하는 불굴의 열정을 가진 인간, 과학기술의 발전과 지구와 공존하고자 삶의 방식을 전환하는 인간이 지구 생태계를 구할 것이라고 단언했다.

지구 생태계를 구하기 위한 인류의 발걸음이 시작되었다. 기후비상행동을 통한 지구온난화 해결과 생물다양성 보전을 위한 열정이다. 한국교회도 이 거룩한 걸음에 함께 나서자.

제1부

·

기후위기와 생물다양성 상실의 현황

기후위기와 생물 멸종

오충현 • 동국대 바이오환경과학과 교수

1. 기후변화

최근 기후변화가 지구환경에 큰 영향을 주고 있다는 이야기를 종종 듣는다. 기후변화는 자연적인 기후변동에 의해서도 생겨날 수 있지만, 지금 우리가 걱정하는 기후변화는 인간 활동으로 인해 생겨나는 대기중의 온실가스 농도 변화로 발생하는 기후변화를 말한다. 과거 겨울이면 도시 주변에 흔하게 운영되던 야외스케이트장은 이제는 볼 수 없는 추억이 되었다. 겨울 기온이 상승해서 스케이트장을 운영하기 어려운 기후로 변화했기 때문이다. 또한 여름이면 폭염에 시달리고 있다. 봄과 가을은 가뭄이 심해지고, 장마철은 길어지고 있다. 우리가 실제 체험하고 있는 기후변화의 단편들이다.

이와 같은 현상은 한반도에서만 일어나고 있는 현상은 아니다. 미국에서는 가뭄이 심해져서 산불이 자주 발생하고 있고, 9월에 미국 중부지역에 갑작스럽게 눈이 내리는 일도 발생하였다. 전 세계적으로 기후변화는 사람들의 생활과 생존에 큰 영향을 주고 있다.

기후변화는 산업혁명 이후 화석연료 사용증가가 주요 원인이다. 화석연료의 사용은 온실가스의 증가를 가져왔다. 온실가스는 태양광의 일부를 대류권 밖으로 반사시키지 못하고, 대류권 안에 가두어두는 비닐하우스와 같은 역할을 한다. 그래서 온실가스라고 하는 이름이 붙었다. 온실가스는 이산화탄소나 메탄과 같이 자연적으로 생성되는 물질도 있지만, 염화불화탄소와 같은 인공적인 물질도 있다. 이중 가장 큰 역할을 하는 것은 이산화탄소이다. 이산화탄소는 자연에서도 생성되지만 지금 지구온난화에 영향을 주는 이산화탄소는 화석연료의 사용이나 산림벌채와 같은 인간 활동이 주요 원인이다.

우리나라의 온실가스 배출

지구적인 기후변화 상황 속에서 우리나라는 이산화탄소 주요 배출국가라고 하는 달갑지 않은 이름을 가지고 있다. 우리나라는 수출에 의존하고 있는 산업구조로 인해, 온실가스 배출 세계 10위권 안에 드는 국가이다.

2019년 국가 온실가스 인벤토리 보고서를 살펴보면 우리나라의 2017년 온실가스 총배출량은 709.1백만톤이며, 1990년도 총배출량 292.2백만톤에 비해 142.7% 증가하였고 2016년도 총배출량인 692.6백만톤보다 2.4% 증가하였다. 분야별로는 에너지 분야에서 615.8백만톤비중 86.8%을 배출하였다. 산업공정 분야의 배출량은 56.0백만톤비중 7.9%이며, 농업 분야는 20.4백만톤비중 2.9%, 폐기물 분야는 16.8백만톤비중 2.4%의 온실가스를 배출하였다. 에너지, 산업공정, 폐기물 분야 배출량은 전년 대비 각각 2.2%, 6.0%, 2.0% 증가하였으며, 농업 분야는 0.3% 감소하였다. 반면 온실가스 흡수량은 전년보다 5.3% 감소하였다. 통계 결과가 보여주는 것처럼 우리나라는 산림 등에 의한 온실가스 흡수량은 감소하고 있지만 에너지 사용 분야에서의 온실가스 배출량은 계속 증가하고 있음을 알 수 있다.

평균온도 상승

기후변화에 관한 정부간 협의체IPCC, Intergovernmental Panel on Climate Change는 2100년까지 지구의 평균온도는 1.0 ~ 3.5℃ 상승할 것으로 예상하고 있다. 이와 같은 평균온도 증가는 말라리아 등과 같은 전염병의 급속한 확산, 동물의 면역체계 교란, 병충해 창궐 등을 가져올 것으로 예상된다. 이미 우리나라는 소나무재선충, 참나무시들음병, 한라산과 같은 고산지역의 구상나무 고사 등과 같은 심각한 기후변화 문제를 겪고 있다.

평균기온이 1℃ 상승할 경우 기후대는 약 200km 북상하는 것으로 알려져 있다. 만약 IPCC에서 예상한 바와 같이 한반도의 평균기온이 3.5℃ 상승하다면 제주도와 남부지방은 아열대기후로 바뀌게 되고, 북한의 냉대지역은 온대기후로 변화될 것으로 예상된다. 이에 따라 농업생태계가 변화되어 남부지방은 아열대 작물 재배, 중부지방은 난대작물을 재배하는 형태로 농업이 변화될 것으로 예상된다.

하지만 기후변화는 일정하게 온도가 상승하는 것이 아니라 불규칙하게 바

뛰어 온도의 편차가 심해짐에 따라 갑작스러운 온도저하 등으로 인해 농작물이 한파를 입는 등 농업조건이 열악해지게 된다. 이미 봄철에 복숭아와 같은 과일나무가 꽃을 피우다가 갑작스러운 한파로 꽃이 얼어버려 한해 농사를 망쳐버리는 상황이 발생하고 있다. 식물이 한창 싹을 틔워야 하는 시기에 가뭄이 진행되는 봄 가뭄을 경험하고 있다. 겨울에 눈이 적게 내리고 봄에 비가 내리지 않기 때문이다. 이런 과정이 지속되면 식물 생육이 영향을 받아 동물의 먹이 부족, 면역력 약화 등과 같은 문제점이 발생하여 생물종이 감소할 수 있다.

기후변화는 또한 해수면의 상승을 가져오고 있다. 북극과 남극의 빙하가 녹고 있기 때문이다. 북극해와 남극해의 빙하는 지난 10년간 15% 이상 감소한 것으로 알려졌다. 이에 따라 지구의 해수면은 2100년까지 13~94cm 상승할 것으로 IPCC는 예상한다. 이로 인해 남태평양의 마셜군도 등에 있는 국가들은 해수면이 2m 이상 상승하여 국가가 사라질 위기에 처해 있다.

또한 빙하의 감소 및 해수면 상승과 함께 해수 온도 상승도 진행되고 있다. 바다의 해수 온도 상승으로 어장의 북상이 진행되고 있다. 우리나라 근해에서 잡히던 명태나 대구와 같은 어종은 러시아 연해 등에서만 잡히는 어종으로 변화하고, 대신 오징어, 멸치, 고등어 등과 같은 난류성 어류가 증가하고 있다. 심한 경우 열대 바다에서 잡히는 대왕오징어가 우리나라의 남해안에서 잡힐 정도로 바다의 해수 온도 상승도 빠르게 진행되고 있다.

강수량의 변화

기후변화는 평균온도 상승에 의한 기후대의 북상과 해수 온도 변화 뿐만 아니라 강수량의 변화도 수반하고 있다. 이로 인해 가뭄이 악화되거나 폭우나 폭설이 내리기도 한다. IPCC는 우리나라가 속한 북반부 중위도의 경우 강수량이 10년 동안 0.5~1% 증가하고, 호우 빈도도 2~4% 상승할 것으로 예상하고 있다. 반면 저위도 지역은 가뭄이 심해질 것으로 예상한다. 우리나라의 경우 지난 100년간 평균기온이 2℃ 증가하면서 폭우로 인해 한강의 유량이 28%, 낙동강 23%, 금강은 23%가 증가하였다. 또한 홍수와 가뭄이 반복되고 있다. 실제 2020년 여름에는 그동안 지속되었던 가뭄과는 달리 폭우가 집중되어 많은 지역에서 홍수가 발생한 바 있다.

또한 장마 기간도 변화가 생겼다. 1970년대까지 장마는 보통 6월에 시작되어 7월에 가장 많이 비가 내리는 것이 일반적이었다. 하지만 2000년대부터는 6월부터 시작되지만 8월에 가장 많은 비가 내려 장마 기간도 길어지고 비도 더 많이 내리는 양상으로 바뀌었다. 이와 같은 강수량과 강우 기간의 변화는 오랫동안 한반도 환경에 적응해서 살아온 동식물이나 농작물에 심한 영향을 주게 된다. 이런 강수량 변화의 피해는 한반도만이 아니라 전 세계적으로 진행되고 있다. 열대와 적도지역은 기온상승에 의한 증발량 증가로 토양수분이 적어져 곡물 생산이 감소하고 있다. 건조 및 반건조지역에서는 강수량의 감소가 잦은 산불의 원인이 되고 있다. 지구상의 식물들은 서식영역이 수백km 북상하면서 종의 분포가 변화되고 있다. 이 과정에서 생리적 적응의 변화로 성장률이 감소하고 있다. 이와 같은 피해는 앞으로 더 심해질 것으로 예상된다.

2. 국토환경의 변화

산업화와 도시화

우리나라는 1960년대 말 이후 진행된 산업화로 인해 도시화가 빠르게 진행되었다. 도시화의 진행은 산업기반 마련을 위한 공단 조성, 공단을 지원하기 위한 신도시 조성 등과 같은 토지이용 변화를 수반하였다. 1960년대 이전에도 8.15와 6.25로 인해 도시화가 진행되었지만 산업화로 인한 도시화에 비하면 그 영향은 미미한 편이었다.

산업화로 인한 빠른 도시화는 국민의 생활방식에도 영향을 주었다. 농업기반 사회에서 살던 시대의 여유로움은 사라지고 산업화된 사회가 가지는 시간 준수에 대한 엄격함이 사회의 중요한 가치가 되었다. 시간은 돈과 같은 가치를 가지게 되었고, 시간을 절약하기 위해 철도와 도로망이 확충되었다. 또한 다양한 교통수단도 공급되었다. 생활양식의 변화는 개인주의 심화를 가져왔다. 그 결과 불과 50여년만에 우리 사회는 서구사회보다 더 개인의 가치와 개인 생활을 중요하게 생각하는 개인주의 사회가 되었다. 이와 같은 개인주의는 소통의 부족으로 미풍양속의 소멸과 정신세계의 황폐화와 같은 부작용을 초래하였다. 우리나라는 이런 과정을 거쳐 세계에서 유래를 찾기 힘든 빠른 산업화와 도시화뿐만 아니라 국토와 도시생태계의 훼손, 개인주의 심화 등과 같은 사회문제를 안게 되었다.

　　2018년 말 기준 우리나라 도시지역 면적은 17,763.3km²전 국토의 16.7%이며, 도시지역에 거주하는 인구는 47,596,532명이다. 전체 인구 5천1백8십4만여 명 중 도시지역에 거주하는 인구의 비율은 91.80%이다국토교통부 2019 도시계획 통계. 이 결과에 따르면 우리 국민은 전국토의 16.7%에 불과한 도시지역에 전체 인구의 91.8%가 거주한다.

　　우리나라는 1960년대 이후 산업화에 따른 이촌향도현상으로 도시화가 가속화 단계에 들어섰다. 1970년대부터 1980년대초까지 급격하게 도시화가 진행되었다. 현재는 종착단계에 이르렀다고 할 수 있다. 우리나라 도시지역 인구비율은 1960년39.15%부터 2000년88.35%까지 49.2% 급증하였다. 그 추세가 2005년90.12% 이후 14년간 1%대 증가에 그치는 등 2005년 이후 증가추세가 둔화되었다. 이는 도시인구의 안정화가 이루어졌음을 보여준다.

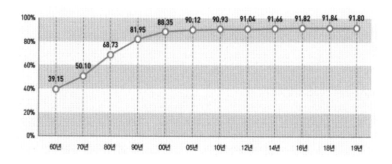

그림1 . 우리나라의 도시인구 증가현황출처 : 국토교통부, 2019

수도권 인구 집중

우리나라 도시화의 또 다른 측면으로 수도권 인구집중문제가 있다. 2017년 현재 서울, 인천, 경기지역의 수도권의 인구는 우리나라 전체인구의 50%에 해당하는 25,925,799명이다. 이중 서울과 경기, 인천의 도시지역 인구는 총 24,840,829명으로 전체 인구의 약 47%에 해당한다. 우리 국민의 약 92%가 도시에 살고 있는 환경에서, 이중 약 50%의 인구가 서울과 경기, 인천과 같은 수도권에 집중하여 살고 있다. 수도권 도시면적은 4,512,429,842㎡로서 우리나라 도시면적의 25.4%에 해당한다. 즉 수도권 인구밀도는 전국 도시인구 밀도의 약 4배에 해당한다. 2017년 현재 우리나라 도시 도시별 인구밀도는 서울 1위, 부천 2위, 안양 3위부터 10위 안산에 이르기까지 수도권 도시가 상위 10위의 인구밀도 순위를 보여준다. 심각한 수도권 인구 집중을 수치로 보여주는 결과이다.

수도권 인구집중은 물가 상승, 지가 상승, 교통란, 환경오염 심화 등 경제, 사회, 환경 문제를 수반한다. 특히 미세먼지, 도시열섬 현상과 같은 환경문제들은 최근 국민의 삶에 심각한 악영향을 주고 있다.

도시환경과 도시생태계

생태계는 1935년 영국의 식물학자 Tansley가 주창한 개념이다. 생태계는 생물과 환경, 즉 생물이 다른 생명체와 같은 생물요소와 물, 공기와 같은 비생물요소로 구성된 환경과 가지는 관계이다. 이 관계 속에서는 물질과 에너지가 순환한다. 지구 생태계는 독립영양생태계와 종속영양생태계로 구분된다. 독립영양생태계는 숲이나 바다와 같이 태양에너지만 공급되면 스스로 영양분을 생산하고 순환시키는 구조를 가진 생태계이다. 반면 종속영양생태계는 스스로 영양분을 생산하고 순환시킬 수 있는 능력이 부족하거나 없어서 주변에 있는 독립영양생태계에 의존해서 유지되는 생태계이다. 도시생태계는 대표적인 종속영양생태계이다. 도시는 주변에 있는 독립영양생태계의 도움 없이 존재할 수 없는 생태계이기 때문이다.

인류의 문명은 도시의 발달에 비례하지만 도시의 쇠락은 주변 자연환경의 훼손이 비례한다. 따라서 현재 92%의 인구가 도시에 살고 있는 우리나라는 우리나라와 외국의 농촌이나 산촌지역에 의지하는 정도가 매우 심각한 상황이라고 할 수 있다. 지금은 우리나라 산업화를 기반으로 외국에서 농산물과 에너지를 수입하는데 무리가 없지만 기후변화가 심각해지게 되면 돈이 있어도 식량과 에너지를 살 수 없는 시대가 도래할 수 있다. 또는 우리나라의 경제 사정이 악화되어 식량과 에너지를 살 수 없는 상황이 발생할 수도 있다. 이런 점에서 우리나라는 보험에 드는 것과 같은 원리로 우리나라의 농산어촌을 지속가능하게 유지하는 것이 필요하다.

도시의 물순환 환경

도시는 도시계획에 따라 약 60%는 시민들이 생활하는 주거지역이나 상업지역, 공업지역으로 유지하고, 나머지 40%를 자연환경이나 농업환경을 보전하기 위한 녹지지역으로 유지하고 있다. 우리나라 대표도시인 서울의 경우에도 시가화 면적은 약 60%이고, 나머지 40%가 산림이나 한강, 농경지 등으로 구성되어 있다.

도시지역 생태계의 문제점은 외국과의 교류가 활발해지면서 다양한 귀화 동식물이 유입된다고 하는 점이다. 서울에서도 한강과 같은 하천이나 난지도와 같은 공원, 북한산과 같은 산림지역을 중심으로 단풍잎돼지풀이나 가시박과 같은 외래생물들이 유입되어 우리나라 자생생물들을 위협하고 있다. 하지만 외래생물에 의한 도시환경문제는 사람들에 의해서 진행된 토양포장에 비하면 매우 사소한 문제이다.

서울은 전체면적의 약 48%가 빗물이 스며들 수 없는 포장면이다. 도시의 포장면은 도로나 건축물로 구성된다. 또한 약 7%의 면적은 부분적으로 포장되어 빗물 순환이 원활하지 않은 공간이다. 결국 서울 면적의 약 44%만이 빗물순환이 원활한 공간이다. 서울 전체 면적의 약 60%가 사람들이 이용하고 있는 공간이라고 하는 점을 감안하면 사람들이 이용하는 공간 중 약 4%만이 빗물순환이 원활한 부분이고, 나머지는 모두 포장된 공간임을 알 수 있다.

도시지역의 물순환 환경 악화는 도시홍수 발생, 도시열섬 증가, 생물서식 공간 감소와 생태계 교란, 도시녹지 부족, 토양의 대기오염 완화기능 상실, 도시지역 상대습도 감소와 같은 다양한 환경 문제를 수반한다. 도시에 거주

그림2 . 서울시 토양포장 현황도(2015년 기준)(출처 : 서울시 도시생태현황도)

하는 시민들은 아토피 질환, 폭염 피해, 호흡기질환 등과 같은 건강 문제를 겪게 되고 이것은 도시 경제문제에도 심각한 악영향을 미친다. 결국 도시지역에서는 이를 완화하기 위해 더 많은 에너지를 사용하게 되고, 이것은 다시 도시 환경의 악화와 온실가스 배출 증가라고 하는 악순환의 고리를 만들게 된다.

3. 생물다양성의 변화

생물다양성 보전의 필요성

인간에 의한 기후변화 촉발은 지구상 생명체들에게 심각한 악영향을 주고 있다. 지구상의 생명들이 지속가능하게 유지될 수 있는 방안을 고민하여 만들어진 개념이 생물다양성이다. 생물다양성은 1988년 미국의 생태학자인 윌슨Edward O. Willson에 의해 주창되었다. 윌슨은 그의 책, '생물다양성'에서 인류는 산업혁명 이후 절대자를 대신하여 자연을 관리하게 되었지만 그 과정에서 많은 생물종을 멸종시키고, 서식처를 훼손하여 인류 자신의 미래까지도 심각하게 위협받고 있다고 지적하고 있다. 그는 이를 극복하기 위한 방안으로 모든 생명에 의지하고 이를 사랑하는 마음biophilia을 가질 것을 제안하였다. 그리고 그 실천 방안으로 유전자 다양성, 종 다양성, 생태계 다양성을 지키는 것을 제시하였다. 유전자 다양성 유지는 같은 종 안에 있는 다양한 유전자를 지키는 것이고, 종 다양성 유지는 지구상에 있는 다양한 종이 멸종되지 않도록 하는 것이다. 생태계 다양성 유지는 종이 살아가는 터전인 서식처의 다양성을 지키는 것을 의미한다.

윌슨의 생물다양성 개념은 전 세계적으로 자연환경을 보전 정책을 추진하는데 큰 영향을 주었다. 특히 1992년 6월 브라질 리우데자네이루에서 개최된 리우환경회의에서 세계 정상들이 모여 지구 생태계 보전을 위해 기후변화협약과 생물다양성 협약을 채택하게 하는 계기가 되었다.

지구 생물다양성의 현황

지구상에 있는 생물종은 현재 약 1,250만종으로 추정된다. 이중 인류가 발견하여 이름을 붙인 종은 약 170만 종으로 13%에 해당한다. 기후대별로 생물종수를 살펴보면 한대지방에는 약 40만종이 있다. 이는 지구상 전체종의 약

3.2%에 해당한다. 온대지방에는 약 2백만종의 생물종이 있다. 지구 전체 생물종의 16%에 해당한다. 열대지방에는 약 1천1십만종 정도의 생물종이 있다. 이 비율은 지구상 전체종의 80.8%에 해당한다. 하지만 실제 이름을 붙인 종은 대부분이 온대지방에서 살아가는 종들이다. 이것은 인류문명이 온대지방을 중심으로 발달하고, 온대지방의 생물종을 주로 활용하고 있기 때문이다. 반면 열대지방과 한대지방의 생물종에 대한 조사와 연구는 매우 부족한 현실이다. 하지만 아직 인류가 그 존재를 알기도 전에 기후변화 등으로 인해 이들 지역의 많은 종들이 사라지고 있다.

지구상에서 가장 빠른 속도로 감소하고 있는 종은 민물에 살고 있는 어류들이다. 민물 어류들은 하천 오염, 댐과 같은 하천 개발, 기후변화로 인한 강수량 감소 등의 영향을 심하게 받고 있다. 민물 어류는 수계를 넘어서 이동하는 것이 자유롭지 못하기 때문에 특정 수역에서 사라지게 되면 다른 곳에서는 복구하기 어려운 부분 멸종이 발생한다.

세계자연기금WWF : World Wide Fund for Nature에 따르면 1970년부터 2012년 사이에 지구에 있는 생물의 58%가 감소했다. 육상생물은 38%, 담수생물은 81%, 해양생물은 36%가 감소하였다. 생물 감소 원인은 주로 서식지 환경 악화와 서식지 감소이다. 서식지 악화와 변화는 생물감소 원인의 31.4%, 서식지 감소는 13.4%의 영향을 주었다.

생물다양성과학기구(IPBES, Science-Policy Platform on Biodiversity and Ecosystem Services)에서 발표한 2017년 보고서에 따르면 육상환경의 75%, 해양환경의 66%가 인간에 의해 크게 변화되었다. 지표면의 1/3과 담수자원의 75%가 농작물 및 가축 생산에 이용되고 있다. 1970년대 이후 농작물 생산은 300% 증가, 원목수확량은 45% 증가하였다. 하지만 토양파괴에 의해 지표면의 23%에서 생산성이 감소되고 있다. 13억명의 인류가 홍수와 허리케인 위험에 직면해 있다. 2015년 해양어장의 33%가 지속불가능한 수준이 되었다. 1992년 이래 도시면적은 2배 증가하였고, 1980년 이래 플라스틱 오염은 10배 증가하였다.

우리나라 생물다양성 현황

우리나라 역시 생물다양성 보전이 크게 위협받고 있다. 1980년대 이후 30년간 우리나라에서는 약 20만ha의 산림면적이 감소되었다. 폭우와 대형산불, 가뭄, 태풍, 폭설의 피해가 해마다 반복되고 있다. 도시화와 산업화의 영향으로 농지면적은 지속적으로 감소하고 있다. 2000년부터 2007년 사이 농경지는 연평균 약 15천ha가 감소되었다. 이중 논의 비중이 70%에 해당한다. 연안습지는 1987년까지는 약 3,203.5㎢, 그 이후 2005년까지는 약 2,550.2㎢ 면적이 간척되었다. 다만 내륙습지 매립은 습지에 대한 국민의식 개선 및 가치변화 등으로 2000년대 이후에는 4대강 사업을 제외하고는 진행되지 않았다. 외래종의 침입은 지속되고 있다. 2020년 국립수목원의 국가 외래식물목록에는 619종이 도입된 것으로 보고되었다.

우리 정부는 국가생물다양성 실천계획을 수립하고 국립생태원과 같은 연구기관을 설립하는 등 생물다양성 보전을 위한 다양한 노력을 하고 있다. 하지만 생물다양성 보전에 대한 일반 국민들의 인식은 많이 부족하다. 국민들은 기후변화와 생물다양성 문제를 어렴풋이 느끼고는 있지만, 이런 현상들이 갑작스럽게 일어나지 않고 서서히 진행되기 때문에 일반적으로 이들 문제에 대해 둔감하다.

생물다양성과 생태계 서비스

생물다양성의 보전은 인류에게 다양한 혜택을 준다. 생물다양성 보전으로 인류가 얻는 혜택을 생태계 서비스라고 한다. 생태계 서비스는 지지서비스, 공급서비스, 조절서비스, 문화서비스로 구분된다. 지지서비스는 토양 형성이나 식물에 의한 1차 생산 등과 같은 혜택이다. 공급서비스는 생물다양성을 통해 인류가 얻는 물이나 식량, 목재, 연료 등과 같은 경제 분야의 혜택이다. 조절서비스는 기후조절, 홍수조절, 질병조절 등과 같은 환경 분야의 혜택이다. 마지막으로 문화서비스는 생물다양성을 통해 인류가 얻는 휴식, 경관, 관광 등과 같은 문화 분야의 혜택이다. 이와 같은 생태계서비스를 통해 인류는 자연재해로부터 안전, 양질의 생활수단을 위한 기본적 물질 공급, 건강, 양질의 사회적 관계 등을 유지할 수 있다. 이를 통해 인류는 선택과 행동의 자유를 가질 수 있고, 빈곤 저감과 행복을 유지할 수 있다.

생태계 서비스는 생물다양성이 유지될 때 가능하다. 현재 지구상 인류는 약 78억 명이다. 세계 생태발자국 네트워크의 발표에 따르면 이런 인구를 유지하기 위해서는 약 1.7개의 지구가 필요하다고 한다. 하지만 지구는 유한하다. 따라서 원활한 생태계 서비스를 유지하기 위해서는 인구감소가 불가피하다.

우리나라의 경우 그 상황이 조금 더 심각하다. 우리나라 생태발자국 상황을 살펴보면 세계 평균의 절반에도 미치지 못한다. 이중 절대 부족한 것은 탄소흡수량이다. 이로 인해 우리나라는 세계적인 생태채무국이다. 1년간 생활해야 하는 생태용량을 고갈되는 시기를 살펴보면 우리나라는 4월 17일이면 생태용량이 고갈된다. 따라서 약 8개월간의 생태용량을 다른 나라에 의존할 수밖에 없다.

따라서 우리나라의 생태용량을 키우지 않으면 기후변화와 생물다양성 문제가 발생할 경우 매우 취약한 구조가 된다. 우리나라는 지난 50년간 생물다양성 훼손을 담보로 산업발전을 이룩하였다. 하지만 기후변화로 인해 돈을 가지고도 식량과 에너지를 구입하지 못하는 시대가 올 수 있는 위기에 직면하였다. 이번 코로나 사태는 이런 문제를 여실히 보여주는 계기가 되었다. 따라서 이제는 기후변화에 대한 대비와 생물다양성 보전이 미래의 문제가 아니라 바로 당면한 현안 문제가 되었다. 생물다양성 보전은 윌슨의 경고와 같이 인류의 미래를 담보하기 위한 가장 중요한 대책이기 때문이다.

참고문헌

국토교통부, 2019, 도시계획 주요지표 개황

국토교통부, 2019, 도시계획 현황통계

기상청, 2018, 우리나라 기온과 강수량의 과거 극값 사례분석집

기상청, 2020, 2019년 기후특성 보고서

기상청, 2017, 2016년 이상기후 보고서 농업분야

대한민국 정부 관계기관 합동, 2020, 제2차 국가온실가스 통계 총괄관리계획
　　(2020~2024)

대한민국 정부, 2019, 유엔 기후변화협약(UNFCCC)에 따른 제4차 대한민국 국
　　가보고서

(재)한국인산화탄소포집및처리연구센터, 2012 더워지는 지구 그 원인과 대책

한국농촌경제연구원, 2012, 기후변화가 식량공급에 미치는 영향분석과 대응방
　　안

환경부 온실가스종합정보센터, 2020, 2019 국가 온실가스 인벤토리 보고서

IPBES, 2018, 주제평가 보고서

IPBES, 2018, 아시아 태평양지역 지역평가보고서

IPBES, 2019, 지구평가보고서

제2부

·

기후위기와 생물멸종에 직면한 신학의 논의

신기후체제와 새로운 생태 영성의 초점

신익상 • 한국교회환경연구소 소장/성공회대학교 열림교양대학 교수

1. 늦어진 약속, 신기후체제

2020년 11월 3일, 미국의 대통령 선거에 세계의 이목이 주목했다. 남의 나라 대통령 선거에 뭐 이렇게 대대적인 관심을 보이나 싶을 정도로 많은 사람이 트럼프Donald Trump와 바이든Joe Biden의 팽팽한 경쟁을 지켜봤다. 5일간의 피말리는 접전 끝에 최종 승자는 바이든으로 결판이 났다. 이 결과에 내가 안도의 숨을 내쉬었다면, 그건 단 한 가지 이유 때문이다. 사실, 남한과 북한을 둘러싼 한반도 평화 프로세스 및 비핵화 프로세스 문제나 한중일 관계 등 동북아 국제정세 문제를 이유로 바이든보다는 트럼프가 더 낫다는 주장, 트럼프식 오만한 미국 우선주의를 끝내기 위해서는 바이든이 되어야 한다는 주장 등등이 여기저기서 들려왔지만, 내겐 그런 문제들보다 더 중요한 것이 있었다. 미국의 파리기후협약 재가입 문제였다.

미국의 대선 다음 날인 2020년 11월 4일은 미국의 파리기후변화협약 탈퇴

가 공식적으로 효력을 발생하기 시작한 날이다. 하지만 바로 그날, 바이든은 자신의 트위터에 "정확히 77일 안에 바이든 행정부는 파리기후협약에 다시 가입하겠다"라는 공약을 올렸다. 77일 이후면 미국의 대통령 취임식이 예정된 2021년 1월 20일로, 자신이 대통령이 되어 가장 먼저 착수하려는 일이 바로 파리기후협약에 재가입하는 것이라고 선언한 셈이다. 바이든이 미국의 제48대 대통령으로 당선된 지금, 바이든의 이 공약이 순조롭게 이행된다면, 이는 파리기후협약을 근거로 2021년에 공식 발효되는 신기후체제의 성공적 순항에 있어서 희소식이 아닐 수 없다.

히지만, 이 희소식은 기후위기 문제를 풀어가기 위한 노력의 아주 작은 진전에 불과하다. 아니, 어쩌면 1992년 이후 지금까지 열려온 숱한 기후회의와 그 결과물들에도 불구하고, 기후위기를 해결하기 위한 지구 단위 인류의 진정성 있는 실천은 아직 구경도 해보지 못한 것일지도 모른다. 기후협약의 역사와 자유무역협상FTA의 역사가 각국의 정부 대표라는 같지 않은 듯 같은 주체에 의해 쓰여왔기 때문이다.

기후협약의 역사 스스로가 이 사실을 간접적으로 예증한다. 1979년 제1차 기후회의가 열린 후 13년이 지난 1992년, 국제연합 환경개발회의UNCED가 개최되면서 처음으로 기후변화협약UNFCCC과 생물다양성협약이 국제사회에서 채택된 이래 2020년 11월 현재 신기후체제 출범을 목전에 두기까지 기후협약의 역사를 잠시 되돌아보자.

1992년 채택된 기후변화협약을 구체적으로 이행하기 위해 만들어진 국가 간 이행 협약이 1997년 일본 교토에서 열린 유엔기후변화협약 제3차 당사국 총회에서 채택됐는데, 그것이 바로 교토 의정서Kyoto Protocol다. 하지만 이 협약이 공식적으로 발효된 것은 이 의정서가 채택된 지 8년이 지난 2005년 2월의 일이었으며, 그나마 미국과 호주는 비준을 거부했다. 강제력 없는 이 협약은 본격적 출발부터 반쪽짜리 약속이었다. 이 이행 협약에는 이행의 구체적 시기와 단계도 명시되어 있었는데, 1단계는 공식발효 시점에서 3년 후인 2008년, 2단계 확대 이행은 1단계 시행 5년 후인 2013년이었다. 물론, 이 로드맵은 계획대로 진행되지 않았다. 실제로 2단계는 아직 시행되지 않았고, 이제야막 시작할 예정인데, 그것이 바로 2015년 파리기후변화협약의 결과물, 미국도 극적으로 참여할 예정인 2021년 신기후체제다. 다행인 일이라면, 어쨌든 국제사회가 기후위기에 대응하려는 책임 있는 실천을 모색하고 있다는 사실이다. 불행스러운 일이라면, 이 모색은 언제나 다른 국제적 모색보다 느리게 진행되고 있고, 보통은 우선순위에서 밀려나기 일쑤였다는 사실이다. 적어도 지금까지는 그렇다.

단적인 예로, 1992년의 기후변화협약과 그 이행을 위한 실무 협약인 교토 의정서에는 문구는 좀 달라도 같은 의미의 조항이 명시되어 있다. "기후변화를 저지하는 방안으로 채택된 모든 수단은 국제 무역에 대한 제약 조건이 되어서는 안 된다."라는 조항이다. 기후변화의 원인은 인간의 과도한 개발이 조장하는 과소비와 이러한 과소비를 지탱하고 있는 거대한 에너지−생산 구조, 간단히 말해서 현재의 인류문명이다. 신자유주의적 자본주의 체제는 여기에 자유무역협정을 근간으로 하는 지구적 연결망을 덧붙였고, 이 연결망을 바탕으로 과도한 개발과 과소비를 연결하고 촉진한다. 따라서, 기후변화의 핵심적인 요인 중 하나는 신자유주의 체제하에서의 국제 무역이다. 그러니, 국제 무역에는 손대지 말고 기후위기를 막자는 얘기는 사실 막지 말자는 얘기나 마찬가지다. 도대체 왜 이런 문구가 기후위기 대응을 위한 논의 한복판에 버젓이 들어가 있게 된 것일까?

기후변화협약이 채택되던 1992년으로 다시 돌아가 보자. 그때 무슨 일이 있었을까? 북미자유무역협정이 체결되었다. 1995년에는 세계무역기구WTO가 탄생했고, 그 2년 후인 1997년에 교토 의정서가 채택되었다. 그 4년 후인 2001년에는 중국이 세계무역기구 정회원에 가입한다. 기후변화 1단계 논의가 힘겹게 진행되는 동안, 무역장벽 철폐를 근간으로 하는 신자유주의적 경제 체제는 착실하게 인류문명 곳곳으로 스며들고 있었다. 문제는 기후변화협약의 주체와 자유무역협정의 주체가 같은 국가를 대표해서 서로 모순된 협약과 협정 테이블에 앉는다는 사실에 있다. 자유무역협정을 주도하는 국가들은 대부분 충분히 개발된 국가들이고, 기후변화에 대한 부채감이 가장 큰 국가들이기도 하다. 이들은 이 부채감을 짊어지고 기후변화협약 테이블에 앉기는 하지만, 그 부채감을 근본적으로 해결하려 하기보다는 기후변화협약 테이블에 앉았다는 사실을 이용해서 자신들의 부채감을 덜기 위해 노력하고 있다는 인상을 주는 데 더 열심인 듯하다.

애초에 온실기체 감축을 추진하는 기후협상과 무역장벽을 철폐하는 무역협상은 서로 모순 관계에 있을 수밖에 없는 것이었다. 무역장벽이 철폐되면 원거리 물류 이동이 빈번해지고, 이러한 물류 이동이 확대될수록 생산, 운반, 소비의 순환 속도는 빨라지며 상품의 물량이 유례없이 증가함으로써 에너지

소비가 가속화된다. 그 결과는 이산화탄소 배출량 증가이며, 지구온난화 심화다. 무역협상이 진전될수록 기후협상의 목표 달성은 현실에서 멀어진다. 더욱이, 무역협상의 결과물은 강력한 제재와 분쟁 해결 제도를 통해 강제력을 가지고 국제사회에 통용되지만, 기후협상의 결과물은 전적으로 각국의 자율 시행제도에 의지한다. 이러한 상황에서 무엇이 촉진되고 무엇이 지지부진한 진전을 이룰지는 불 보듯 뻔하다. 현재까지, 무역협상은 갑이고 기후협상은 을이다.

그러니, 애초의 로드맵과 달리, 신기후체제 시행이 8년이나 지체된 이유는 분명하다. 미국과 호주를 중심으로 한 개발국과 그러한 개발국에 동조하고 있는 신흥개발국, 개발도상국들의 외면, 그리고 여기에 다국적기업의 로비 등이 가세해서 기후변화의 급박한 위기 상황에 국제사회가 원활하게 대응할 수 없도록 방해해 왔기 때문이다. 그들은 국제 무역을 기반으로 하여 시장을 확대함으로써 자신들의 이익을 극대화하려고 한다. 그들의 이러한 강력한 의지가 인류와 지구생태계의 생존을 지켜야 한다는 더 근원적인 문제의식을 무시하고, 왜곡하며, 외면하도록 사람들을 호도하는 것이다. 인류는 지금 욕망과 가치를 '돈' 하나로 획일화하는 끔찍한 시장사회를 살고 있다.

각국의 단일한 정부가 자기 분열하여 낳은 두 개의 서로 모순인 협상단은 '기울어진 운동장'의 양 끝에 서 있다. 높은 쪽에서 무역협상 측이 약진하는 동안, 낮은 쪽에서 기후협상 측은 서툴고 힘든 발걸음을 이어간다.

단적인 예로, 무역협상 측은 에너지 집약적 산업형 농업 모델을 세계화하는 무역시스템을 확립하였다. 이들은 카길Cargill이나 몬샌토Monsanto와 같은 다국적 농산물 기업에 유리한 정책을 보장함으로써, 이들 다국적기업이 규제 없이 시장에 진입할 수 있도록 했고, 공격적인 특허를 보호했고, 각국의 세금으로 막대한 정부 보조금을 유치할 수 있도록 했다. 그 결과로 푸드마일food miles,1) 논의는 위축됐고, 식품 생산 및 공급 시스템의 온실기체 배출량은 전체 온실기체 배출량의 19~29%를 차지하게 됐다.

게다가 무역협상에서 기후 논의를 노골적으로 배제하는 관행이 계속되고 있다. 예를 들어, 2014년에 체결된 환태평양 경제 동반자 협정의 경우를 살펴보자. 이 협정문의 초안에는 UN 기후변화협약 이행의 중요성을 강조하는 내용이 포함되어 있었다. 하지만, 미국의 협상 대표들의 반대로 최종안에서는 이러한 내용이 삭제되고 말았다. 국제관계가 논의될 때, 언제나 무역이 기후보다 우위에 있었다.

그럼, 기후협상 측은 어땠을까? 1990년대 초, 최초의 기후변화협약 초안을 작성하던 협상자들은 각국의 탄소 배출량 측정이나 감시 방안을 구체적이고 현실적으로 구현하는 일에 무관심했다고 할 수 있다. 결정적인 문제는 온실기체 측정 시스템에 국가 간 교역 과정에서 발생하는 탄소를 배제하였다는 점에 있는데, 그 결과로 각국은 자국 내 생산에서 발생하는 오염과 탄소 배출에 대해서만 책임을 지면 되었다. 그렇게 되면, 수입되는 상품이 제조되는 과정에서 발생하는 탄소가 전적으로 생산국의 책임이 되고 만다. 또한, 국가 간 운송 과정에서 배출되는 탄소에 대해서 책임질 주체를 정할 수 없게 된다.

---

1) 푸드마일(food miles)이란, 농산물이 생산자에게서 소비자에게 전달되기까지의 이동 거리를 말한다. 이를 통해 수입농산물과 지역농산물의 이동 거리를 비교하여 환경에 미치는 영향을 측정할 수 있다.

결과적으로, 이러한 온실기체 측정 시스템은 전 지구적인 탄소 배출의 주원인을 왜곡해서 평가하게 만든다. 다시 말해, 탈산업화 과정을 밟은 개발국가들, 한마디로 말해 부자 국가들의 과소비에 면죄부를 주게 되는 것이다. 그러나, 개발도상국이 생산하여 개발국에서 소비되는 상품이 만들어내는 탄소의 양은 개발국이 탈산업화함으로써 감축한 탄소의 양보다 6배 많다는 연구 결과도 있다. 생산과 소비는 시장을 형성하며 서로 강하게 연결되어 있다는 사실을 고려하면, 탈산업화한 개발국가들의 소비는 산업화한 개발도상국가들의 생산과 '더불어서' 온실기체를 양산하고 있는 주범임을 알 수 있다.

따라서, 온실기체 측정 시스템은 생산뿐만 아니라 소비가 가져오는 온실기체 유발 효과를 반영해야 하며, 자유무역주의가 가져온 국가 간 교역의 증대로 인해 발생하는 온실기체 유발 효과 또한 반영해야 한다. 성장주의로 무장한 자본주의가 세계적 연결망을 가지고 있다면, 온실기체 유발의 원인도 세계적 연결망을 가지고 있다.

2. 오늘날 자본주의의 문제들

사실, 기후변화는 인류를 비롯한 수많은 생명의 위기일 수는 있어도 지구 생태계의 위기일 수는 없다. 지구생태계는 지구를 이루고 있는 권역들의 변화에 적응하여 새로운 조화와 균형의 상태를 역동적으로 찾아갈 뿐이다. 인류가 책임져야 할 것은 지구생태계가 아니라 인류 자신이며, 인류 때문에 무고하게 고통받고 착취당하며 생존마저 심대하게 위협받는 인간 아닌 생명이다. 기후위기는 인간의 위기이며 인간이 초래한 위기라는 점에서 전적으로 인간의 문제다. 물론, 그 파급효과는 인간을 넘어 지구생태계 전반에 미치므로, 인간이 책임져야 할 지구생태계의 문제이기도 하다. 그래서 더더욱 기후위기라는 인간의 문제에 걸려있는 인간의 책임이 무거운 것이다.

인간의 문제는 자본주의를 축으로 한다. 산업화를 잉태하고 성장시킨 태반으로서 자본주의는 오늘날 신자유주의적 자본주의라는 이름으로 계속되고 있다. 이 경제체제는 무엇보다 자유무역 시스템을 확립하는 것에서 출발한다. 그런데 이 시스템의 확립과정은 개발국가의 탈산업화와 맞물려 지구 단위에서 생산지와 소비지가 분리되는 과정과 유기적으로 연동되었다. 그 결과로 대량 물류의 원거리 이동이 빈번하게 되었고, 이를 토대로 국제적 시장이 활발하게 돌아가면서 다국적기업과 다국적 금융자본, 그리고 탈산업화한 개발국가의 이익이 증대하게 된다.

온실기체의 관점에서 볼 때, 생산지와 소비지의 분리는 탄소 배출원의 이동으로 나타난다. 여기에 국제적 시장의 활성화가 더해지면 탄소 배출량은 증가할 수밖에 없게 된다. 2014년 IPCC 제5차 보고서는 "인간 활동으로 비롯된 이산화탄소 배출량 가운데, 국제적으로 거래되는 상품의 제조과정이 야기하는 비율이 급증하고 있다."라고 지적한다. 실제로 1960년대 탄소배출량 증가율이 1960년대에는 연간 약 4.5%에 달하다가 1990년대에는 연간 약 1%대로 주춤했으나, 2010년에 이르면 5.9%로 급격하게 증가한다. 1990년대면 공산주의 체제가 붕괴하여 자본주의 체제에 편입되던 시기로, 이 시기에는 자본주의의 팽창으로 인해 전열을 가다듬느라 성장세가 주춤했던 것이라고 볼 수 있다. 하지만 공산주의 국가의 자본주의 편입이 거의 완료되고 중국과 동남아 등 새로운 생산지가 등장하는 2000년대에 이르면서 탄소배출량은 증가하기 시작하여 2010년이 되자 최고 증가율을 찍은 것이다.

자유무역 시스템은 수출 주도 발전 모델을 제시한다. 따라서, 인위적 온실기체 증가를 야기한 것으로 수출 주도 발전 모델을 빼놓을 수 없다. 국가 간에 이루어지는 수많은 자유무역 협상들, 국제통화기금과 세계은행이 개발도상국을 상대로 지원하는 개발 금융의 단서 조항들은 모두 수출 주도 발전 모델을 추구한다. 게다가 세계 전역에서 몰려든 미국 유학생들은 미국식 신자유주의 경제 이론이 세계로 확산하는 데 일조해 왔는데, 이 경제 이론 역시 수출 주도 발전 모델을 제시한다.

워싱턴 컨센서스Washington Consensus도 미국식 신자유주의가 확산하는 데 크게 한몫했다. 1990년 미국 국제 경제 연구소가 원래 남미 국가들의 경제위기 해법으로 제시한 시장 경제체제인 워싱턴 컨센서스는 남미는 물론 세계 대부분 개발도상국이 주로 채택하는 경제체제가 되었다. 이 경제체제는 다음의 10가지를 실행 방안으로 제시한다: 1) 사유재산권 보호, 2) 정부 규제 축소, 3) 국가 기간산업 민영화, 4) 외국자본에 대한 제한 철폐, 5) 무역 자유화와 시장개방, 6) 경쟁력 있는 환율 제도의 채용, 7) 자본시장 자유화, 8) 관세 인하와 과세 영역 확대, 9) 정부예산 삭감, 10) 경제 효율화.

기업과 금융자본을 중심으로 시장 자유화를 추구하는 이상과 같은 정책과 이론의 세계적 확산은 경제적 흐름을 더욱 빠르고 광범위하게 만들었고, 그 결과는 온실기체 배출 증가로 나타났다. 신자유주의 경제 이데올로기를 토대로 작동하는 자유무역 시스템의 결과는 탄소 배출 증가 촉진이다.

오늘날 자본주의의 문제는 기후위기로만 끝나지 않으며, 기후위기와 깊은 관련을 맺으면서 경제정의 문제를 심화한다. 세계화된 다국적 기업의 노동력 착취 문제는 어제오늘만의 문제가 아니다. 1990년대 말, 세계의 공장이 중국으로 몰려들었다. 값싼 인건비와 노동조합 활동이 봉쇄된 중국의 환경은 이익을 극대화하려는 기업의 목적을 실현하기에 가장 최적의 조건을 제공하였기 때문이다. 여기에 더하여 오염물질 관리 시설을 갖추지 않더라도 법적 책임이 없는 환경은 또 하나의 유리한 조건이 되었다. 값싸고 숙련된 노동력을 착취할 수 있고 오염물질을 마구 배출하더라도 특별한 법적 처벌을 받지 않고 마음껏 화석에너지를 사용할 수 있는 환경을 제공함으로써 중국은 세계의 공장이 몰려들게 하였고, 이를 기반으로 경제 대국으로 성장할 수 있었다.

중국으로 몰려든 공장이 노동력 착취를 통해 이익을 배가하는 동안, 제한 없이 사용되는 화석에너지의 양 또한 엄청나게 증가하였고, 그 결과로 탄소 배출량이 유례없이 늘어나게 되었다. 오늘날 경제 대국인 중국은 또한 온실기체 배출 1위 국가이기도 하다. 물론, 이는 단순하게 생산과정 자체에서 배출되는 온실기체의 양만을 고려했을 때의 일이다. 어쨌든 중국의 경제 성장과 지구적인 이산화탄소 증가율 상승 시기는 거의 일치한다.

이러한 결과는 생산지와 소비지를 분리하는 자유무역 시스템에서 연유하는데, 결국 신자유주의 경제 이데올로기를 등에 업고 세계를 지배하게 된 자유무역 시스템이 유일하게 추구하는 비용 최소화의 논리, 이를 통한 이윤 극대화의 논리는 저임금을 통한 노동력 착취와 인위적 온실기체의 양 증가를 동시에 가져오는 원인이 된다고 할 수 있다. 경제정의와 기후정의는 하나의 원인을 공유한다.―자유주의적 경제 이데올로기를 기반으로 성장하는 자유무역 시스템, 이윤의 극대화를 위해 수단을 가리지 않는 자유시장 근본주의.

오늘날의 자본주의가 갖는 문제를 공간적 확장과 시간적 확장의 문제로 분석해 볼 수 있다. 이를 통해 기후위기와 관련해 자본주의가 갖는 이념적 욕망을 들추어낼 수 있다.

자본주의의 공간적 확장은 시장경제market economy를 가진 시대에서 시장사회market society인 시대로의 전환을 통해 발생한다. 마이클 샌델Michael Sandel이 『돈으로 살 수 없는 것들: 무엇이 가치를 결정하는가』라는 책에서 통찰하는 이 전환은 신자유주의적 자본주의가 가져온 상황이 무엇인가를 명확하게 보여준다. 여기서 시장경제란 시장이 생산활동을 조직하는 효과적인 수단으로 사용되는 경우를 말한다면, 시장사회란 시장가치가 인간 활동의 모든 영역에 스며든 일종의 생활방식을 말한다. 우리는 지금 시장가치가 모든 가치를 판단하는 거의 유일한 기준인 시대를 살고 있다.

우리는 물질적 가치는 물론, 대부분의 추상적 가치도 돈으로 환산되는 시대를 산다. 인도의 뱅갈로Bangalore에 있는 시바 사원에서 신전의 가장 앞자리에 가장 빨리 도달하는 방법은 단 하나, 더 많은 돈을 지불하고 패스트트랙을 타는 것이다. 이때 신전은 하나의 종교시장이 된다. 기독교사회문제연구원과 크리스찬아카데미, 그리고 대한기독교서회가 공동으로 참여한 "2020년 한국사회 주요 현안에 대한 개신교인 인식 조사"에서 드러난 설문조사 결과 중 하나에 의하면, 한국 개신교인의 70.6%오차범위 ±3.1%가 장로가 되기 위해서는 헌금을 많이 해야 한다고 생각하는 것으로 나타났고, 교회에 직분을 가진 사람들일수록 이러한 사실을 더욱 실감하는 것으로 나타났다.

종교뿐만 아니라, 교육도 시장이고, 예술도 시장이고, 문학도 시장이다. 우리 삶의 도처에 시장이 있다. 이제 시장은 우리의 삶을 영원히 신선하고 번영하는 형태로 존속시켜줄 것처럼 우리 삶의 핵심을 차지하고 있다. 물질적 공간은 물론 추상적 공간에 이르기까지 우리가 겪는 일은 가치가 교환되는 시장이다. 시장에 진입하지 못하는 모든 것은 가치 없는 것으로 평가되며 밀려난다. 그럼에도 불구하고 시장사회에 진열된 각종 상품은 모든 것이 싱싱하고 신선하게, 가장 최신의 것으로 계속 업그레이드되며 영원할 것처럼 버티고 들어서 있다.

오늘날의 자본주의가 시장사회를 통해 물질적, 비물질적 공간을 모두 장악해나가고 있다면, 금융 시스템으로 대변되는 자본주의의 또 다른 일면은 미래의 삶을 당겨쓰는 식으로 시간적 확장을 꾀한다. 예를 들어, 당신이 은행에서 신용대출을 한다고 하자. 은행이 당신에게 돈을 지급한다면, 이유는 단 하나다. 당신의 미래 가치를 평가했기 때문이다. 현재 당신이 가지고 있는 신용은 전적으로 당신의 미래 가치가 평가되는 한에서 작동한다. 단적으로, 당신의 미래 노동이 산출하게 될 잉여가치가 현재의 당신이 갖는 신용 가치이며, 이를 기준으로 은행은 당신에게 돈을 빌려준다.

따라서, 금융자본이 하는 일은 미래의 삶을 당겨쓰도록 하는 것이다. 미래의 노동 가치는 현재의 신용이며, 따라서 신용 가치를 통해 실현하는 것은 미래를 현재에 소비하는 것이다. 이런 식으로 자본주의는 시간적 확장을 꾀한다. 자유로운 시장에서는 과거가 현재에 실현되는 것으로 끝나지 않는다. 미래까지 현재에 끌어들여 블랙홀처럼 빨아들인다. 우리가 현재 누리는 번영은 미래의 가치를 소비함으로써 가능한 것이다.

시장사회를 통한 공간적 확장과 미래 소비를 통한 시간적 확장이 추구하는 것은 한계 없는 성장이다. 자유시장 근본주의를 기반으로 모든 가치를 자본주의적 이익으로 환산하길 좋아하는 신자유주의는 이 세계에서 영원한 번영을 꿈꾸는 일종의 지속가능성 이데올로기다. 하지만, 이런 종류의 지속가능성 추구가 가져온 것은 오히려 인류문명과 지구생태계 내 대다수 생명의 지속불가능성으로서, 우리는 그것을 기후위기라고 부른다.

신자유주의가 일종의 이데올로기라는 의미는, 이것이 정치-경제적 헤게모니에 의해서 작동한다는 것이다. 공공부문 민영화와 기업에 대한 규제 완화, 그리고 소득세 및 법인세 인하와 공공 지출 삭감을 핵심 골자로 하는 이 경제 이데올로기는 세계무역기구WTO, 세계은행WB, 국제통화기금IMF 등의 국제기구와 다국적 기업들의 직간접적 활동을 통해, 그리고 각국 정부의 지원과 무역협상을 통해 시공간을 집어삼키며 확산해왔다. 이것은 지금도 진행 중이다. 이러한 상황에서 기후위기가 말 그대로 위기일 수밖에 없는 까닭은 명확하다. 기후위기에 대응할 기술적 가능성이 정치-경제적 헤게모니에 의해서 소외되고 있는 상황이 지속하고 있기 때문이다. 신자유주의의 지속가능성 신화가 기후위기의 지속불가능성 사실을 휘황찬란한 장밋빛 미래라는 그림 뒤에 감추고 있다.

3. 신기후체제의 생태영성을 위한 초점

2021년 공식 발효될 신기후체제는 개발국, 개발도상국, 저개발국 등 195개 모든 당사국에 구속력 있는 첫 합의인 파리기후변화협약을 토대로 한다. 아쉽게도 이 협약에서도 각국의 감축 목표에 국제법상의 구속력을 갖도록 하는 데는 실패했다. 하지만, 개발국뿐만 아니라 195개 모든 당사국이 온실기체 감축 목표를 수립하여 이행하도록 했다는 것에 의의가 있다. 신기후체제가 추구하는 단 하나의 목표는 명확하다. 2030년에 이르기까지 산업화 이전과 비교해서 평균기온 상승을 2℃보다 훨씬 낮게, 기왕이면 1.5℃ 이하로 제한하는 것이다. 2018년 10월에 인천 송도에서 발표된 IPCC의 1.5℃ 특별보고서는 신기후체제의 이러한 목표에 정당성을 부여하는 문서로 제출되어 만장일치로 승인되었으나, 사실 미국을 비롯한 몇몇 국가들 — 그러나 기후위기 해결에 가장 큰 열쇠를 거머쥐고 있기도 한 — 에 의해 난항을 겪어왔던 것이 사실이다. 그러던 것이, 미국의 48대 대통령으로 민주당의 바이든이 당선되면서 기후위기 대응 문제에 희망이 생겼다. 하지만, 이 희망은 어디까지나 결론이 아니라 하나의 작은 시작일 뿐이다. 인류는 스스로의 문명을 비판적으로 성찰하면서 거대한 변화를 감행해야 한다. 신자유주의 경제 이데올로기를 벗어날 새로운 상상력을 감행해야 한다. 신기후체제의 목표를 성취할 수 있는 새로운 생태 감수성이 인류문명에 깃들어야 한다.

기독교신학의 생태학적 비전들은 생태영성이라는 형태로 인류문명에 생태 감수성의 새로운 차원을 제공할 수 있다. 그러나 이를 위해서는 먼저 지금까지 통상적으로 이해되어 오던 생태영성의 초점들을 검토하고, 필요하면 재해석 내지는 수정을 해야 한다.

먼저, 생태영성이 말하는 "하느님 창조 세계의 보존"이라는 개념을 이해하는 방식이다. 여기서 핵심은 '보존'이라는 말을 어떻게 이해하느냐의 문제다. 원래 생태학ecology은 "한 닫힌계closed system 내부의 에너지 흐름을 연구하는 학문"으로 정의된다. 이러한 생물학적 정의를 기반으로 "한 닫힌계 내부에서 치명적이고 격렬한 변화가 일어나거나, 그 계 내의 어떤 생물 종이 피해를 볼 수 있는 실질적 변화가 일어나거나, 그 계를 교란하는 일이 일어나는 것은 잘못이기에, 그 계 특유의 에너지 흐름 유형을 보존해야 한다."라는 규범적 정의가 나오게 되었다. 따라서, 생태영성이나 생태신학에서 말하는 "하느님 창조 세계의 보존" 개념은 생태학의 개념 정의 중에서 규범적 정의에 속한다고 할 수 있다.

문제는 "계 특유의 에너지 흐름 유형의 보존"과 "창조 세계의 보존" 개념이 어떻게 연결될 수 있느냐 하는 점이다. 지구라는 닫힌계 특유의 에너지 흐름 유형은 과학적으로 볼 때 고정된 것이 아니다. 역동적으로 변화하면서 그때그때 조화와 균형을 찾아가는 것이 지구의 에너지 흐름이다. 따라서, 이 에너지 흐름의 유형은 계기마다 새롭다. 변화의 와중에서 포착되는 조화와 균형이 있는 것이지, 고정 불변하는 하나의 완전한 체계가 있는 것이 아니다. 하지만 기독교의 일반적인 창조 교리는 역동적인 변화와 균형이라는 개념을 담아낼 수 있을 만큼의 유연성을 갖지 않은 것이 현실이다. 한편, 생태영성을 기반으로 하는 기독교 환경운동은 '창조 세계'의 성격을 명확하게 규정하지 않은 채 전제함으로써 기독교의 일반적인 창조 교리를 암묵적으로 따라간다. 이 경우 '보존' 개념은 어떤 원형이 있어서 그 원형 그대로를 유지하는 것으로 읽히게 된다.

개혁주의 신앙의 창조와 타락의 교리는 고정된 원형을 원래 그대로 회복한다는 개념으로서의 보존 개념을 잘 보여준다. 개혁주의 전통에서 창조에서 완성에 이르는 구원 과정은 일종의 순환구조를 갖는다. "즉, 최후의 완성transform은 최초의 창조form와 일치한다. 완성은 어떤 형식으로든 원형archetype과 관련해서 발생하며, 원형이 가진 원래의 꼴form은 완성이 제아무리 이전의 꼴을 넘어선 경우transform라고 할지라도 어떤 방식으로든 '그대로' 보존된다."[2] 완성은 원형으로 다시 회귀하여 회복하는 과정과 다르지 않다. 하지만 이렇게 되면, 역동적인 조화와 균형, 끊임없는 새로움이 일어나는 과정으로서의 세계를 유지한다는 의미의 보존 개념과 양립할 수 없다. 다시 말해, 생태영성이 사용하는 '보존'이라는 용어에 진화론적 의미가 담기지 않으면, 생태영성이 규범적 생태학의 본류와 만나서 대화하기 힘들 수 있다.

물론, 과정신학process theology과 같이 진화론적 사유를 수용하는 신학이 있어서, 생태영성의 '보존' 개념을 역동적인 조화와 균형의 모색, 끊임없는 새로움의 연속으로서 읽을 수 있는 여지를 주기도 한다. 하지만, 이때에도 만물의 관계를 상호의존으로 파악하는 데에서 논의의 부정확함이 여전히 존재한다. 이는 여러 가지 생태학적 대안을 모색하는 규범적 생태학 본류의 논의에서도

---

2) 신익상, "기후 위기 시대의 생태신학," 『기후 위기, 한국교회에 묻는다』 (서울: 동연, 2019), 96. '그대로'라는 문구는 이 글에서 새로 삽입한 것이다.

마찬가지인데, 이는 신기후체제의 생태영성을 모색하기 위한 핵심적인 초점을 요청하게 하기에 좀 더 이야기해 보도록 하자.

단적으로 말해서, 만물이 서로 연결되어 있고 상호의존하고 있다는 통전적이고 관계적인 세계관을 통해 신자유주의가 몰고 온 획일화된 시장가치의 확산, 곧 시장사회화에 대응할 수 있다는 생각은 재고해야 한다. 현재 기술과학과 결합하며 발전하고 있는 자본주의 경제 체제도 바로 만물의 연결과 상호의존을 화두로 삼고 있기 때문이다. 오히려 자본주의적 세계관과 생태학적 세계관의 구분이 모호해지는 것처럼 보이는 상호의존성 개념 앞에서 우리는 다음을 물어야 한다. 이 세계 내에 존재하는 것들은 과연 상호의존성을 구현하는가? 그렇게 해서 서로 상생하고 있는가?

한 생명의 항상성이 유지되는 과정은 외부 세계와의 끊임없는 연결과 상호작용이 있어야 하는 것이 맞지만, 이 연결과 상호작용에는 상호성이 아니라 모종의 일방향성이 작동한다. 예컨대, 모든 생명을 가진 존재들은 자신의 항상성을 유지하기 위해서 무언가를 '먹는다.' 먹는 행위는 먹는 주체를 중심으로 에너지와 물질이 상호작용하는 과정이지만, 이 상호작용이 추구하는 목표는 상호적이지 않다. 일방적이다. 먹고 먹히는 과정이 어떻게 상호적일 수 있겠는가? 먹는 존재는 자신을 '새롭게' 유지하지만, 먹히는 존재는 단지 회복 불가능하게 소멸할 뿐이다. 이것을 상호의존이라고, 상생이라고 할 수 있을까? 생명의 계기는 연결과 관계를 매개로 하지만, 평등한 상호성을 전제로 하지는 않는다. 따라서, 생명의 살림-살이 과정은 상생이 아닌 희생이 더 어울리는 말이다.

이 지점에서 우리는 생태영성의 가장 발본적인 초점, 지속가능성의 문제로 넘어갈 수 있다. 규범적 생태학이 말하고자 하는 바는, 자본주의가 추구하는 지속가능성은 결국 이 세계를 지속불가능성으로, 다시 말해 파국으로 이끌 것이라는 경고이며, 자본주의와는 다른 방식의 생활 양식을 통해 지속가능성을 실현할 수 있다는 주장이다. 여기서 물어야 하는 것은, 지속가능성이라는 말로서 자본주의가 말하고자 하는 것과 생태학이 말하고자 하는 것이 어떻게 다르냐는 것이다.

자본주의는 시장을 통해 실현되는 경제적 성장을 통해 지속가능성이 실현될 수 있다는 이념을 전제한다. 더욱이 자본주의는 경제적 성장을 통한 지속가능성을 영원히 추구할 수 있으리라는 가정을 이 전제에 심어놓는다. 심지어는 기후위기 문제도 이러한 방식으로 대응할 수 있다고 믿게 한다. 다시 말해, 자본주의 체제에는 지속불가능성이 발 디딜 틈이 없다. 그런 것은 결함이 있는 것이거나 불완전한 것이기에 폐기되어야 한다. 시장에 남아야 하는 것은 지속가능한 것 뿐이다. 자본주의 체제는 하나의 종교성을 갖는 것처럼 보이는데, 영원을 추구하는 것은 본래 종교의 영역이기 때문이다. 다만, 자본주의는 영원eternity을 불멸immortality로 대체한다. 지속불가능성을 경험하지 않는 과정을 추구하는 것이다.

반면, 기독교적 생태영성은 지속불가능성을 말함으로써만 지속가능성을 비로소 말할 수 있는 영성이다. 십자가 없이 부활은 없다. 죽음 없이 생명은 없다. 멸하지 않고서 생하는 방법을 기독교는 말한 바 없다. 죽었던 자가 일어나는 것이지, 산 자가 일어나는 것이 아니다. 다시 말해, 기독교적 생태영성은 희생적 죽음에서 다시 사는 희망을 본다. 희생당하는 존재가 가진 잠재성 potentiality이야말로 기독교 생태영성의 초점이다. 단절을 감행하지 않고서 연속을 말할 수는 없다는 진리를 기독교 영성은 말한다. 멈춤은 지속을 위한 가장 근원적인 진리 사건이다.

예수 생전 거의 유일한 복음이었던 "회개하여라. 하늘나라가 가까이 왔다."마4:17는 말씀은 기독교적 생태영성의 초점을 명확히 한다. 이 말씀에서 하늘나라는 천상에 고정되어 지상에 있는 존재들을 기다리는 것이 아니라, 지상으로 직접 움직여 '온다.' 하늘나라는 영원의 가능성이 변화하고 생멸하는 이 세계에 내재하는 과정이다. 지속불가능한 것에 지속가능한 것이 섞여서 들어오는 것이다. 이렇게 해서 하늘나라는 이 세계로부터 떼어내서 생각할 수 없는 잠재성이 된다.

예수의 '회개하라'는 외침은 하늘나라가 이 세계에로 임한다는 잠재적 성격을 전제로 할 때에라야만 이해 가능한 요구다. 헬라어 메타노이아metanoia에 해당하는 '회개'라는 말은 마음의 변화를 말한다. 따라서, 회개하라는 요구는 마음의 변화를 통해 새로운 살림살이를 하라는 요구와 다르지 않다. 네 안에 있는 마음의 잠재성을 실현하라는 요구인 것이다. 삶과 죽음이 함께 있는 우리의 살림살이 속에 영원한 살림살이로 이끄는 힘이 있다. 우리의 마음에 하늘나라가 있다. 단절하는 삶 속에 영원한 삶이 있다. 이것이 신기후체제를 맞이하는 새로운 생태신학의 초점이다. 자본주의적 허상으로서의 지속가능성을 뚫고서 단절을 통한 지속을 설파하는 기독교적 생태신학의 초점이다.

생물다양성의 파괴
"당신이 먹는 콩은 불임입니다"

김혜령 • 이화여자대학교 호크마교양대학 교수

생태문명전환을 위해 느리지만 대학이 변하고 있다. 그 연장선 위에서 내가 가르치는 이화여자대학교는 도시농업과 인성교육을 결합시킨 "나눔커뮤니티 가드닝"이라는 교양과목을 열었다. 학생들은 학교에서 마련한 텃밭화분을 한 개씩 맡아 한 학기 동안 농사도 짓고, 생태문명으로의 전환을 위해 필요한 다양한 분야의 사상들을 살펴보며 근대 이후의 산업사회의 삶의 방식을 비판적으로 성찰할 뿐만 아니라 새 시대에 필요한 삶의 양식이 왜 근본적으로 바뀌어야 하는지를 함께 학습한다.

집에서 키우기 위해 사오는 화분마다 잘 가꾸지 못해 매번 남편에게 타박만 들던 내가 이 교과목의 담당 교수로 지목되었을 때에는 하늘이 무너지다 못해 헛웃음만 났다. 그러나 이전부터 생태 문제에 대해 신학자로서 말만 거창하게 늘어놓은 원죄도 있기에 맡은 일에 대해 그야말로 '순종'하는 마음으로 수업을 준비하였다. 급하게 도시농업 실습 강좌도 수강하고, 이렇게 저렇게 책과 영상도 찾아보며 겨우 올해 3월 수업을 처음 열 수가 있었다. 이 수업을 하며 내가 가장 깊이 배운 것은 자연에 가까이 다가가기 위해 선택한 '농업'이 자연 그대로가 아니라 이미 고도로 인간의 기술이 투여된 '문화'라는 사실이었다. culture라는 말의 어원 자체가 '농사 짓다'라는 뜻에서 온 것임을 모르는 이 많지 않겠지만, 초록색 식물을 상대로 하는 이 노동을 나는 그동안 너무나도 쉽게 자연과 거의 합일된 작업 정도로 생각해 온 것이다. 그러나 농업에 대해 공부하면 공부할수록 현대인들의 먹거리를 생산하는 현대 농업이 '자연 날 것'으로부터 얼마나 크게 멀어졌는지 깨닫게 된다. 나아가 인간의 문화가 어떻게 자연을 조작하고 심지어 파괴하는 범죄를 저지르게 되는지 뼈저리게 성찰할 수 있었다. 이 글을 통해 인류가 먹거리 생산을 통해 저지르고 있는 생물다양성 파괴에 대해 성찰하고자 한다.

인류 역사에서 우리는 세 번의 농업혁명을 이뤄왔다. 구석기에서 신석기 시대로 넘어가며 인류는 처음으로 채집이 아니라 '농사'라는 것을 짓게 되었다. 창세기에 의하면 에덴동산에서 신의 축복으로 마음껏 먹을 수 있었던 것들이 인간의 타락으로 땀을 흘려야만 생존의 적은 소득을 얻을 수 있게 된 것이다. 기독교 신앙의 눈으로 보면 농사야말로 첫 인간의 타락에 대한 결과라고 할 수 있지만, 세속적 관점에서 보자면 농사 기술을 통해 인간은 처음으로 자연을 조작하고 통제하기 시작하였다. 자연에 대한 조작과 통제는 생존을 위한 식량 확보의 안전성이 혁명적으로 확대된 것 일테지만, 동시에 잉여 생산물들을 발생시키게 된다. 이 무렵 인류의 역사에서 최초로 발생한 공동체 내부의 정치권력관계 구조와 가부장제는 신석기 농업혁명과 절대적으로 분리될 수 없다. 농업의 생산성을 높이기 위해 분리된 신분과 성역할의 '분업' 체계가 발생하기 시작하였을 뿐만 아니라, 생산물의 분배 과정에서도 독점이 발생하게 된 것이다. 그렇기 때문에 인류의 첫 농업 혁명은 인간에게 생존의 안정성뿐만 아니라 찬란한 문화를 선사해 주었지만, 동시에 인간 공동체 내부의 위계질서와 차별을 역설적으로 '자연화'하게 된다.

2차 농업혁명은 15세기 영국에서 일어난 인클로저 운동의 다른 이름이기도 하다. 이전까지만 해도 농민들은 특별히 주인이 없는 공유지나 황무지에 가계의 뿌리를 내리고 자급자족을 위한 농사도 짓고 작게 동물도 키우면서 생존하였다. 그러나 목축업을 통해 큰 돈을 벌 수 있다는 사실을 알게 된 영주나 대지주들이 이제까지 별 관심 없던 소작 농민들의 땅에 눈독을 드리게 되면서 그들을 쫓아내고 돌담이나 울타리를 쳐서 사유화하는 일이 곳곳에서 발생하였다. 이 때 수많은 농민들이 토지를 잃고 도시로 이주하여 이후 산업자본주의의 탄생에 반드시 필수적인 '싼 노동력'이 되었다. 자고로, 혁명이라 함은 기존의 낡은 삶의 형태와 사회구조를 바꿔 사람들에게 더 나은 삶을 보장해야 하는데, 2차 농업혁명은 오히려 농업과 목축의 공간으로서 사람들의 생존 터전이었던 땅이 '자본'이 될 수 있음을 알려준 매정한 혁명이 되고 말았다.

3차 농업혁명은 '그린혁명'Green Rveolution이라고도 불리는데 최근 유행하는 환경운동으로서의 녹색혁명과는 오히려 정반대의 의미이다. 주로 이 말은 종자 개량 및 유전자 조작, 합성 비료 및 농약 기술이 급격히 발전하여 농업 생산량을 획기적으로 늘어난 1950년대 이후 상황을 지시하며, 특히 서구의 농업관련 회사의 거대 자본이 멕시코와 브라질 등 저개발 국가에서 펼친 대규모 농업 산업을 지칭한다. 대규모 생산 증가는 인류의 빈곤문제와 식량안보 문제를 풀 수 있는 위대한 기술로 여겨졌으나 21세기 현재에 이르러 오히려 식량의 양적 증가가 세계 빈곤문제를 해결하는 데에 그리 효과적이 않았음이 드러났다. 무엇보다도 대규모 산업농업을 위해 필요한 관개 시설은 원주민의 식수뿐만 아니라 생태계 전반에서 마땅히 필요한 수자원을 대규모로 낭비·고갈시키며 환경파괴를 유발했다. 특히 비행기를 동원하여 하늘에서 뿌려대는 농약과 화학비료는 토지의 오염뿐만 아니라 수확된 농산물을 섭취하는 인간의 건강에도 큰 위협이 되었다.

그러나 3차 농업혁명이 발생시킨 부작용 중에서 가장 조용히, 그러나 가장 현격하게 세상을 변화시킨 부분은 '종의 다양성' 부분이라고 할 수 있다. 근대 산업국가로 성장하는 데에 가장 중요한 산업 중에 보통 사람들이 잘 인지하지 못하는 부분이 있는데, 바로 육종과 유전자 조작을 기반으로 한 종묘산업이다. 한반도의 농부들은 근대 일본 종묘 사업이 조선의 농업 생태계를 완전히 뒤집어 놓기 전까지 텃밭에서 직접 농사지은 작물들의 씨앗을 직접 받아 다음해 파종시기까지 잘 보관하였다가 다시 열매를 맺게 하는 일을 매년 반복하는 농사를 지어왔다. 어찌 보면 '씨앗받기'야 말로 농부에게 가장 중요한 기술이자 생명 끈이기도 하였다. 우연히 읽게 된 권정생 선생의 수필 '토종 씨앗의 자리'라는 글에서 나는 이제는 완전히 멸절되고만 조선 농부들의 씨앗받기와 보관의 오래된 전통을 풍습을 발견하였는데, 수 백 년 내려왔을 이 전통이 생전 처음 볼 만큼 낯선 내 자신이 정말로 낯설게 느껴진 아이러니한 경험을 하였다.

가을걷이가 끝나면 농부들은 다음 해 농사지을 씨앗을 갈무리해야 한다. 나락씨는 봉태기소쿠리에 담이 시렁에 얹어 두고 조와 수수는 이삭 째 엮어 방 안 보꾹지붕 안쪽에 매달아 놓는다. 참깨씨, 팥씨, 녹두씨 같은 자잘한 것은 무명 주머니에 담아 역시 보꾹 서까래에 달아 놓는다. 목화씨는 박두구미박으로 만든 그릇에 담아 바깥 처마 밑에 매달아 두고 대마씨는 짚으로 촘촘하게 엮은 오쟁이짚을 엮어 주둥이를 길게 만든 자루에 담아 역시 서까래에 매단다. 어떻게 해서라도 쥐한테 먹히지 않고 바람이 잘 통해 씨앗이 썩지 않도록 신경을 쓴다. 감자씨와 토란씨는 무를 묻는 땅속에 함께 묻어 놓는다. 농부가 여름에 농사를 지어 추수를 끝냈다고 그것이 끝이 아니다. 다음 해에 또 심고 가꿀 씨앗까지 갈무리를 하고 난 다음에야 마음을 놓고 겨울을 난다.[3]

이렇게 농부의 처소에서 이루어지는 씨앗보관에 대해 자세히 묘사하는 것으로 시작하는 권정생 선생의 수필은 이내 곧 소위 '우장춘 박사의 씨 없는 수박' 이후 더 이상 씨앗받기를 하지 않아도 되게 된 농부들의 혁명적이며 동시에 취약한 상황에 대해 비판의 시선을 멈추지 않는다. 초록색의 식물이 논밭에 즐비하게 자라나는 것만 보던 도시 사람들에게 농사 그 자체는 어떠한 고도의 기술도 필요치 않은 '가장 자연에 가까운' 노동이라 착각할지 모르겠다. 아니, 사실 나부터도 그랬다. 농부가 때를 잘 맞춰 씨만 뿌리면 햇빛과 빗물이

---

[3] 권정생, 『빌뱅이 언덕』, 창비, 2012, 87–88.

영양이 되어 저절로 자라나는 식물을 베기만 하면 그게 우리가 먹는 쌀이요, 콩이며, 배추라고 생각했다. 그래서 '농부'라는 직업은 ─화학 비료와 농약만 덜 사용하게 된다면─ 자본주의의 산업과 시장 메커니즘 가장 멀리 떨어진 '순수한' 존재라고 생각하기도 했다.

그러나 씨앗의 관점에서 보면, 3차 농업혁명이 가져온 변화는 거의 완전히 파국 수준이라고 할 수 있다. 권정생 선생이 기록한 고즈넉한 겨울 초 농부의 툇마루 풍경이 더 이상 오늘날 농부의 가옥에서 찾아볼 수 없는 것은 현대화된 가옥 개축 때문도 아니고, 이름도 생소한 옛 보관 그릇들이 현대식 보관용기로 대체 되었기 때문도 아니다. 우장춘 박사가 배추 씨를 개종하고, 감자 씨를 개종하여 전국의 종묘상을 통해 국가가 대규모로 판매하기 시작한 후로, 농부들은 더 이상 매년마다 귀찮게 소작물의 일부에서 씨를 받는 노동을 하지 않아도 되었다. 매년 싼 가격에 열매도 더 잘 맺고, 병충해에도 더 강한 씨앗을 사오기만 하면 되었기 때문이었다. 종묘상들은 씨앗만 파는 것이 아니라, 그 씨앗에 꼭 맞는 화학비료며 농약도 함께 세트로 판매하고 심지어 바뀐 농법에 맞춰 비닐이나 농기계와 같은 농자재까지 묶어 판매하였다. 당연히 생산성은 늘었고, 농부의 노동은 혁신적으로 감소할 수 있었다.

그러나 이렇게 우리가 편리함과 풍요로움에 취해 눈감고 있는 사이 우리 생태계에는 지역별 마다 맛도 모양도 크기도 다른 감자, 밀, 배추, 콩, 무 등 토종 작물들이 당연히 현격히 사라지게 되었다. 이것이 뭐 큰 대수냐 할 수 있을지 모르지만, 올 여름 우리씨앗 받기 운동을 하시는 도시농부에게 씨앗에도 수명이란 게 있다는 말을 처음 듣게 된 이후 그 문제의 심각성을 절실히 느끼게 되었다. 농부가 몇 해, 몇 십 년, 집안에서 마을에서 대대 손손 내려오는 토종작물의 씨앗을 더 이상 파종하여 재생산 하지 않으면, 남아있는 씨앗은 이후 아무리 새롭게 파종을 하려고 해도 싹이 잘 트지 않는다고 한다. 그렇게 그 지역에서 오랫동안 내려왔던 식물종이 우리 대에서 단종하고 말게 되는 것이다.

물론 그렇다고 해도 농부가 종묘상에서 사다가 파종한, 더 튼튼하고 생산성 있는 씨앗을 농사지어 다시 씨앗을 받으면 더 좋지 않을까하고 생각할 독자가 있을는지 모르겠다. 그러나 종묘상을 그렇게 얕보면 안 된다. 종묘상 뒤에는 몬산토사와 같이 전세계 식량안보를 손에 쥐고 뒤흔드는 다국적 종묘 기업들 버티고 있다. 구멍이 나지 않는 질긴 나일론 양말을 처음 제조한 회사가 양말이 너무 질겨 소비자들이 양말 재구입을 하지 않게 되자 망해버리게 된 뒤로부터는 더 이상 양말 생산업자들이 나일론으로 양말을 만들지 않게 되었다는 전설과도 같은 이야기처럼, 큰 돈을 들여 개발한 씨앗 종자를 한번 팔고 남 좋은 일 시킬 수 없다. 그러니 그들도 묘수를 내야하는데, 그게 바로 씨앗을 '불임잡종'으로 만들어 내는 것이다. 종묘상이 파는 씨앗들은 '터미네이터 종자'라고 불릴 만큼 병충해에 강하고 생산성이 많이 나지만, 실제로 그 씨앗은 자녀를 나을 수 없는 로봇의 운명처럼 2세대의 싹조차 제대로 나지 않는 그야말로 불임씨앗이다.

다국적 종묘 회사들의 경영 방침은 가히 우리의 상상력을 초월해 왔다. 일제의 조선 토종의 차출에 교훈을 얻어 해방 후 우리나라 토종씨앗 확보에 힘을 써온 대표적 민간 종자기업들이 IMF 시절 몬산토와 신젠타라는 다국적 기업에 인수합병되면서 실제로 우리 토종씨앗은 우리 한반도가 아니라 미국 다국적 종묘사의 연구실에 훨씬 더 많이 보관되어 유전자 개량의 자원으로 관리되고 있다. 이러다 보니 청량고추와 같이 한반도에서 오랫동안 먹어오던 작물의 씨앗마저 우리는 다국적 기업의 종묘상에게서 그들이 정한 가격과 물량에 맞게 수동적으로 소비·파종하는 나라가 되었다. 한 마디로 씨앗의 자주권을 잃게 되었을 뿐만 아니라, 식량 안보를 우리 손으로 독립적으로 지킬 수 없게 된 것이다. 이 땅에서 자라는 무수히 많은, 다양한 식물들의 씨앗을 하찮게 여긴 결과 근본적으로 우리의 먹거리 경제에서 우리는 자주독립을 하지 못한 채 여전히 보이지 않는 제국의 식민지 신분에 머물고 있다.

그렇다면 독자들이 물을 것이다. 이제라도 농촌 곳곳에 소규모로 자라고 있는 토종식물들의 씨앗을 모아 그걸 농업시장에 유통시켜 생물다양성도 지키고, 식량 안보도 지키면 되지 않겠냐고 말이다. 나도 그렇게 단순히 생각했었다. 그러나 산업화된 씨앗, 즉 기업이 저작권을 소유하지 않고 있는 토종씨앗의 판매와 유통은 현행법상 불법이다. 우리도 모르게, 농민도 모르게, 이미 오래전부터 종묘 기업들에 의해 종묘 산업법이 만들어져 자기들의 씨앗들만을 판매 가능하도록 법으로 못 박았다. 그래서 실제로 시골 할머니들이 토종 콩이며 토종 옥수수이며 고이 지켜나가다가 그 씨앗이 너무 좋아 5일장에 나가 파종용으로 판매한다면 위법 처리 받을 여지가 크다. 저작권이 등록되지 않은 토종 씨앗의 판매는 오직 먹거리용으로만 가능하기 때문이다.

생각해 보면 무서운 일이다. 초록이 물든 농촌 여름 풍경과 노랑에 물든 농촌 가을 풍경을 보고 도시인들은 흔히 자연의 생명력을 느낀다고 감탄하지만, 정말로 아무 것도 제대로 모르는 생각이다. 우리가 목격한 '그 자연'은 다음 세대를 낳을 수 없는 불임 식물이며, 매번 저작료를 주고 구매해 와야 하는 부모도 없고, 자식도 없는 인공적 생명일 뿐이다. 우리가 목가적이라고 '힐링'을 외치는 그 풍경 속에 이미 종의 단종을 맞이한 무수히 많은 토종 씨앗들의 영혼이 갈 곳 없이 흘러다니고 있을는지 모르겠다. 아니, 현재의 풍요 뒤로 다음 세대의 희망을 품을 수 없는 실속 없는 식물들의 허무한 한탄이 소리 없이 메아리치고 있는지 모르겠다.

유전자 조작 씨앗의 위험성에 문제를 제기하면 대부분의 유전자 조작 연구자들이나 종묘 기업들은 이렇게 대응한다. 어차피 전통적으로 농부들이 해온 종의 개량을 위해 수분을 인위적으로 실행하여 씨앗을 개량해 오던 '전통적 육종'과 유전자 조작은 근본적으로 다르지 않다고 말이다. 그러나 지금까지 설명하였듯이, 농부들이 필요에 의해 오랫동안 해온 육종은 산업이 아니었다. 그래서 육종은 그 자체로 생물다양성을 더욱 더 풍요롭게 만들어가는 데에 이바지 하였다. 강원도 산하나 넘어 가면, 맛과 색이 다른 감자를 맛볼 수 있는 재미가 있을 때, 인간도 서로 다름이 넉넉히 받아들여진다. 그러나 다국적 종묘산업이 가리고 있는 진실은 그것이 여타의 다른 자본주의 산업들과 마찬가지로 초독점 시장구조 체계로 성장한다는 것이다. 쉽게 말해 씨앗에 가하는 유전자 조작은 곧 독점적인 종묘 산업이 되고, 그 산업이 자리 잡은 단 몇 년만에 농촌의 토종씨앗들이 완전히 단종되게 된다. 조금 과장하여 말한다면, 이미 전세계의 사람들이 모두 똑같은 밀, 똑같은 옥수수, 똑같은 감자를 먹고 있다. 다양성을 찬양하는 포스트모던한 시대에 먹거리의 모더니즘 전체주의가 더욱더 강력해지고 있다.

땅이 주는 대로 거짓 없이 사는 농민들에게 왜 빚이 점점 늘어가게 되었는지 그 원인 역시도 결국 모두 생물다양성을 파괴하는 다국적 종묘산업과 관련되어 있다. 권정생 선생은 씨앗을 종묘상에게 구입하여 농사짓는 문화가 자리 잡은 이후, 파종을 위해 농부가 씨앗을 돈을 주거나 빚을 내어 사와야 하기 때문에 농부의 마음이 흉년이나 가격파동에 대한 걱정이 이전보다 훨씬 늘 수밖에 없음을 지적하고 있다. 그래서 더 이상 농부들이 풍년이 들었다는 사실만으로도 기뻐할 수 없고, 씨앗과 농약, 농기구로 선투자한 금액을 추수 이후 다 뽑아 낼 수 있는지를 철저하게 계산해야하는 '장사꾼'이 되어야만 살아남게 되는 운명에 처하게 되었다고 한탄한다. 서울 장사치처럼 농사꾼도 약은 깍쟁이가 되거나, 심지어 사기꾼이 되는 수밖에 없다. "농촌의 모든 것이 공장이 되어 버렸"기 때문이다.4)

토종씨앗을 되살리는 일에 이제 우리 모두가 관심을 가져야 할 때이다. 특히 토종씨앗 농사는 요즘 건강식이나 환경문제에 관심 있는 사람들이 선호하는 유기농 농법에 의해 생산에 적합하기에 궁극적으로 토종씨앗 농사는 지구온난화로 인해 인류가 처한 기후 위기를 지연시키기 위한 여러 대안 중 효과 있는 실천이 될 수 있다. 토종씨앗은 생산성은 낮을 수 있을지 모르지만 오랜 세월 우리 땅의 토질과 기후에 맞게 진화되어 온, 면역 강한 씨앗이다. 농약이 반드시 필요하다는 생각은 시장에서 소비자들이 상처 입거나 벌레 먹은 농산물을 선택하지 않기 때문이다. 농약을 사용하지 않아도 식물은 잘 자라고, 열

---

4) 위의 책, 91.

매도 잘 맺는다. 다만 벌레가 한 귀퉁이 조금 맛을 봤거나, 모양이 들쭉날쭉할 뿐이다. 천편일률적으로 비닐에 쌓여 재배된 호박을 구입하며 이쁘고 깨끗하다고 생각할지 모르지만, 그러한 소비자 구매 방식이 농부에게 토종씨앗을 자부심을 버리고 종묘상의 사탕발림에 쉽게 넘어가게 한다. 그 어느 때보다 모두가 연결된 '언택트 초연결 사회'에서 직업인으로서의 농부의 사명이 중요한 만큼 생활인으로서의 소비자의 바른 인식과 책임 있는 선택도 더불어 중요한 사회가 되었다.

서두에 꺼냈던 우리학교 도시농업 가드닝 수업 이야기로 다시 돌아가 보자. 현대신학을 공부하며 생태신학의 필요성에 크게 공감하여 왔다. 그리고 그 실천으로 에너지 절약이나 재활용품 사용, 쓰레기 분리수거, 채식 등 전반적이 에콜로지 운동에 참여하겠다는 의지를 키워왔다. 그러나 실천은 너무 어려웠고, 작심삼일이 계속해서 반복되었다. 반복되는 실망과 좌절이 어느새 절망이 되어가고 있었다. 수업시간에 아무리 생태적 관점에서 교육을 해도 선생의 삶이 생태적 실천에 늘 실패하다보니 그 말에 힘이 실릴 리가 없었다. 그런데 가드닝 수업을 한지 몇 주 만에 변화가 일어났다. 텃밭에 찾아 식물을 보고 흙을 만질 때마다 작은 것들, 그래서 하찮게 여겨진 것들에 대해 집중력과 관심이 커져갔다. '힐링' 정도의 목표로 수업을 신청한 학생들에게 흙을 만지고, 상추 모종을 심게 하여 그 첫 수확을 얻게 한 다음 기후위기와 생태윤리를 공부하니 스펀지가 물 흡수하듯 수업 내용을 학생들이 습득하였다. 그 속도와 깊이가 말과 텍스트만으로 하는 교육과는 비교할 수 없는 수준에 쉽게 나아갔다. 더 놀라운 것은 코로나19로 자주 텃밭에서 얼굴을 맞대고 수업을 할

〈이화여대 '나눔커뮤니티가드닝' 수업 학생들이 화분텃밭에서 그림을 그리고 있다.〉

수 있는 상황이 아닌데도 학생들끼리의 자발적 품앗이가 늘어났다는 것이다. 봉사나 나눔을 실천하자는 인성교육의 거대 목표로는 잘 안 되던 것들이 그깟 작은 화분 하나씩 맡아 농사를 짓고 나서부터는 물 흐르듯 자연스럽게 이루어졌다. 작은 싹을 틔워 키우고 열매를 수확하는 농부의 경험을 아주 조금만 체험해도 인성교육의 효과는 말할 수 없을 만큼 확실했고 빨랐다. 멀리 돌아가는 길이 귀찮아 지름길로 나섰지만, 실제로 멀리 돌아가는 길에서 학생들이 더 많은 것을 더 빨리 배우는 기적이 일어난 것이다.

토종 작물이나 유기농 작물을 장려하는 것을 두고, 비싼 여유 돈을 주고 그것을 사먹을 수 있는 중산층 이상의 위선적 소비문화라는 비판이 있을 수 있다. 그 비판에 완전히 반박할 논리는 내게 없다. 그러나 분명한 것은 누구라도 산업 농업의 독점을 막는 데에 먼저 앞장서야 한다는 것이다. 모두가 할 수 없으니 아무도 하지 말자는 태도는 결국 극단의 회의주의일 뿐이다. 이 글에서 간단히 다룬 내용에 대한 인지를 하는 것부터 첫 발을 떼어, 토종과 유기농 생산물들을 조금씩 더 소비하고, 기왕이면 옥상 텃밭에서, 베란다에서, 구청에서 빌려주는 야외 텃밭에서 시간과 품을 들여 직접 농사를 지어보자. 생각보다 많은 것들이 근본적으로 아래로부터 실타래가 풀리듯 해결될 수 있다.

3차 농업혁명을 이끈 현대 종묘산업과 대규모 농산업 덕택으로 인류가 에덴에서 쫓겨난 이후 가장 먹거리가 풍요로운 시대에 살고 있음을 결코 부인할 수 없을 것이다. 먹거리가 해결되었으니 성서적 관점에서 보면 이보다 더 큰 축복이 없다. 먹지 말아야 할 것을 먹어 저지른 아담의 첫 죄로 인해 노동의 의무를 부여받은 쫓겨난 자로서 땅을 이만큼 일구어 이만큼 많이 생산하게 되었으니, 열 달란트 받은 자처럼 주인에게 달려가 노력을 자랑하고 칭찬 받아 마땅하다 생각할지 모르겠다. 그러나 "동산을 경작하고 지켜라"는 창세기 하나님의 말씀을 생각해 보면, 칭찬이 아니라 천벌을 받아도 모자라다. 산업화 이후, 기후 위기 이후, 얼마나 많은 생명 種종들이 그 씨앗부터 사라지게 되었는가! 창조세계를 지킨 자가 아니라 파괴시킨 자라 바로 우리 인간이며, 우리 현대인들이다. '먹고 사는 문제'를 자본 권력에 온전히 내어준 현대인들의 죄가 결국 작지 않다. 그리고 그 죄는 결국 코로나19이후 앞을 내다볼 수 없는 위기 사회에서 인간종 내부의 혐오와 차별을 만연케 할 것이다.

기후위기 및 생물 대멸종 위기 시대에 지역사회를 위한 생태선교적 교회
– 구체적 제안들을 중심으로 –

이성호 • 연세대학교 한국기독교문화연구소 연구교수

1. '재난의 시대'와 기후변화

2020년 현재 인류는 '재난의 시대'를 살아가고 있다. 사회 곳곳에서 4차 산업 혁명을 기대하며 기술 혁신과 더불어 인류에게 보다 안락하고 풍요로운 시대가 찾아 올 것이라는 장밋빛 미래를 전망했다. 그러나 2020년이 시작되자마자 발생한 코로나19 팬데믹으로 그 기대는 산산히 부서졌다. 코로나 사태가 시작된 지 10개월을 넘어 벌써 한 해가 다 지나가고 있지만 코로나19의 확산 기세는 꺾일 기미는 보이지 않는다. 2020년 10월 현재 전 세계 코로나19 확진자 수는 3,700만 명을 넘어섰고 사망자도 100만 명이 넘게 나왔다. 백신과 치료제 개발은 요원한데 가을을 맞아 기온이 내려가면서 전문가들의 우려대로 세계 곳곳은 2차 대유행이 시작되는 분위기이다. 한국도 K-방역이라는 별명을 얻을 정도로 대규모 유행은 막고 있지만 산발적으로 집단 감염이 발생하고 있다. 그런데 코로나19는 단순한 바이러스 감염병이 아니라 인간 문명의 생태계 파괴로부터 발생한 팬데믹이라는 점은 익히 잘 알려진 사실이다.[5]

2020년의 재난은 여기서 끝나지 않았다. 북극지역과 시베리아가 섭씨 40도에 육박하는 이상 고온 현상이 발생했다. 이로 인해 북극의 얼음들이 녹은 면적도 역사상 두 번째로 많이 축소되었다.[6] 이러한 이상 현상에 가장 큰 원인으로 지목되는 것은 기후변화이다. 이 기후변화의 배경에는 인간 문명의 과도한 이산화탄소 배출에 의한 지구평균기온 상승이 존재한다. 지난 9월에는 지구표면 온도가 역사상 가장 높았다고 한다.[7] 그런데 기후변화로 인한 기온 상승은 지구촌 곳곳이 고르게 오르는 것이 아니라 특정한 장소는 몇 배 이상 오르게 되는데 그 중의 하나가 북극인 것이다.[8] 하지만 북극의 고온 현상은

---

5) 필자는 최근 출판한 논문인 "자연과 공존하는 삶"에서 감염학 및 바이러스학을 참고하여 코로나19 팬데믹은 근현대 시대에 이루어진 문명 확장으로 인해 박쥐와 같은 숙주동물들이 사는 숲과 같은 자연 서식처가 훼손된 결과 숙주동물들이 인간 및 축산업 동물들과 접촉이 빈번해진 조건에서 발생한 인수공통질병의 대규모 확산이라고 규정하였다. 이성호, "자연과 공존하는 삶: 코로나19의 생태적 이해와 생명존중 신앙으로 나아가기,"『비대면 시대의 '새로운' 교회를 상상하다』(서울: 대한기독교서회, 2020), 123-129

6) 이정훈, "'역대 가장 따뜻한 9월' .. 백신도 없는 기후위기,"「연합뉴스」2020년 10월 10일자, https://www.yna.co.kr/view/AKR20201009023300013?input=1179m (2020년 10월 21일에 접속).

7) 앞의 기사.

8) 정태인, "[정태인의 경제시평]시베리아 산불과 한국판 뉴딜,"「경향신문」2020년 8월 4일자, http://news.khan.co.kr/kh_news/khan_art_view.html?artid=202008040300 015&code=990100#csidx09b456d7b79417892c330556508bb1a (2020년 10월 21일에 접속)

전 세계에 이상 기후의 현상들을 발생시켰다.

그 중의 하나가 2020년 여름 우리가 혹독하게 겪은 장마이다. 이번 장마는 역대급으로 길었을 뿐 아니라 홍수와 산사태로 큰 피해를 주었다. 중국의 장마 피해는 더욱 심했다. 중국은 7천만 명이 홍수피해를 입었고 37조원의 재산피해를 낸 20여 년만의 가장 큰 홍수를 겪었다. 왜 이런 현상이 발생한 것일까? 전문가들의 분석에 따르면 북극 지역의 온도 상승으로 인해 북위지역과 중위지역의 온도차가 적어졌기 때문에 양 지역 사이에 있는 제트기류가 약해졌다. 그러면서 편서풍이 약해지고 우리나라 및 동아시아 북쪽에 위치하는 찬 공기가 정체되는 현상이 벌어졌고, 이에 따라 평소 여름과 달리 북태평양 고기압이 확장하지 못해 장마전선이 오랫동안 머물게 되었던 것이다.9) 반면에 지구 온난화로 인한 기온 상승은 건조한 기후를 만나게 되면 대형 산불의 재난들을 발생시킨다. 2019년 9월부터 2020년 5월까지 9개월을 넘게 호주 전역에 지속되며 우리나라의 63%에 해당하는 면적을 불태운 산불이 대표적 사례이다.10) 미국 캘리포니아의 산불도 호주의 사례 못지않게 심각하다. 2020년 10월까지 올 한해 8,300건의 산불이 발생했고 대한민국 면적의 16%에 해당하는 면적이 산불로 타버렸다. 이로 인해 캘리포니아는 주 전역에서 8,600

---

9) 조선비, "기후변화 전문가 '끓고 있는 북극… 역사상 처음 있는 현상'," 「노컷뉴스」 2020년 8월 25일자, https://www.nocutnews.co.kr/news/5400262 (2020년 10월 21일에 접속).; 최정훈, "'역대급 장마·더위', 적나라한 기후변화 경고," 「이데일리」 2020년 9월 12일자, https://www.edaily.co.kr/news/read?newsId=01325126625899464&mediaCodeNo=257&OutLnkChk=Y (2020년 10월 21일에 접속).

10) 정지윤, "[오늘, 지구촌]오늘도 타오르는 세계의 산불," 「경향신문」 2020년 9월 30일자, http://news.khan.co.kr/kh_news/khan_art_view.html?artid=202009301807001&code=970100 (2020년 10월 21일에 접속).

개가 넘는 건물이 탔고 최소 31명의 사망자가 나온 최악의 산불 피해를 입고 있다.11) 하지만 불행하게도 대형 산불의 소식은 세계 곳곳에서 이어지고 있다. 조금 전에 언급한 시베리아의 이상고온은 시베리아의 광활한 산림에 발생한 초대형 산불의 배경이 되었다. '세계 최대의 늪지'인 남아메리카 판타나우에서 최근에 발생한 산불은 판타나우 전체의 19%나 되는 면적을 태우고 있다.12)

이처럼 모든 생태계가 연결되어 있는 사실 때문에 우리가 살아가지만 기후변화로 인해 생태계의 얽힘은 오히려 지역마다 발생의 양상은 달라도 연쇄적 재난을 공유하게 만드는 무서운 현실을 우리는 목도하고 있는 것이다. 환경대기학자 김백민 박사는 한 언론 인터뷰에서 기후변화로 인한 역대급 재난이 다시 돌아오는 시간이 점점 줄어들고 있음을 많은 논문들이 보고하고 있다고 경고하였다.13) 무겁게 새겨들어야 할 과학자의 외침이다.

2. 기후위기에서 생물대멸종으로

지구촌 곳곳에서 기후변화로 인해 발생하는 각종 재난들은 인간 생태계와 자연 생태계에 직간접적으로 악영향을 끼친다. 다시 말해 인간 문명에 의

---

11) 김기혁, "남한 면적 16% 불탔다…미 캘리포니아 산불 규모 역대 최대," 「서울경제」 2020년 10월 6일자, https://www.sedaily.com/NewsView/1Z90YLVOR7 (2020년 10월 21일에 접속).

12) 정지윤, "[오늘, 지구촌]오늘도 타오르는 세계의 산불."

13) 조선비, "기후변화 전문가 '끓고 있는 북극… 역사상 처음 있는 현상'."

한 기후변화는 지구 전체의 생명권에 위협이 되고 있다. 그래서 이제 기후변화라는 중립적 용어보다는 '기후 위기', '기후 재앙' 등의 용어들이 현실을 더 잘 반영하는 것 같다. 서두에서 내가 올해를 '재난의 시대'라고 표현한 것을 바탕으로 나는 현 시국을 '기후 재난의 시대'라고 명명하고자 한다. 그리고 우리 모두는 '기후재난세대'이다. 여기서 세대는 X세대, Y세대처럼 특정 연령층을 지칭하는 것이 아니다. 기후 위기 속에서 다가오는 재난을 극복해야 하는 비극적이지만 동일한 운명에 처한 지구촌의 모든 인류와 생명들을 가리키고자 하는 말이다. 그런 맥락에서 '기후재난 공동체'라고 이름 붙이는 것도 좋을 듯하다. 내가 기후 위기의 대처를 위해 '시대', '세대', 혹은 '공동체'라는 단어들을 조합하고자 하는 데에는 이유가 있다. 그것은 바로 이 기후 위기, 기후 재난의 문제가 우리의 문제이고 온 인류가 공동체 의식을 가지고 함께 힘을 합쳐 헤쳐 나가야하는 문제이기 때문이다. 이러한 용어의 조합이 기후위기 앞에서 우리 모두의 연대의식, 공동체 의식을 불러일으키는 데에 도움이 되면 좋겠다는 바람 때문이다.

유엔 산하 기후변화 정부간 위원회IPCC는 노벨평화상을 받을 정도로 지난 수 십 년간 기후변화를 객관적으로 연구하고, 그러한 연구보고들에 근거한 정책제안을 해왔으며. 기후변화로 인한 지구 생태계의 위기를 계속 경고해왔다. 이 단체의 연구보고들에 따르면, 기후변화로 인한 자연재해와 생태계 변화의 악영향은 약한 존재들에게 가장 먼저 그리고 강력하게 미칠 것이라 한다. 인간 사회에서는 가난한 나라 및 가난한 계층의 사람들이 기후 재난의 피해를 가장 많이 입을 것이라 예상되었다. 한편, IPCC가 우려했던 또 하나의 지점은 기후변화로 인해 생태계를 구성하는 수많은 동물들이 생존의 위협을 받아 생물 대멸종이 발생할 수 있다는 것이다.

IPCC가 2018년 10월에 발표한 "1.5도씨 특별보고서"[14]에 따르면 전 세계가 노력하여 2030년까지 탄소배출량을 2010년도 대비 45% 줄이고 2050년까지는 2010년도 대비 0%까지 줄여야 지구평균온도를 1.5도씨 상승정도로 막을 수 있다고 한다. IPCC는 이를 막지 못할 경우 벌어질 수 있는 시나리오들 가운데 지구평균온도 2도씨 상승이 가져올 생태계 파괴에 대해 경고하고 있다. 대표적인 피해는 해수면의 1m 이상 상승이다. 이럴 경우 해안지역 생태계는 물론 상당수의 연안 도시들은 물에 잠길 것이 예상된다. 또, 서식지 절반 이상이 감소할 육상 생태계의 비율이 1.5도씨 상승보다 2배가 증가된다고 하며 이에 따라 상당수 생물 종들이 멸종될 가능성이 높은 것으로 분석된다. 특별히 2도씨 상승 시 산호초의 99%가 멸종된다는 분석은 가장 충격적인 생물 종 멸종이 예상되는 사례들 중의 하나이다. 산호초는 바다 생태계 유지와 지구 대기의 산소 공급에 매우 중요한 생물종이기에 산호초의 멸종이 생태계 전체에 가져올 악영향이 매우 염려되는 상황이다.

혹자는 다음과 같이 물어볼지도 모른다. "생태계에서 동식물의 멸종이 어제, 오늘 이야기인가요? 생물 종 멸종은 생명의 역사에서 늘 존재해왔던 것 아닌가요?" 그렇다. 틀린 이야기는 아니다. 끊임없이 변화하는 환경에 적응하지 못하는 생물 종은 도태되고 멸종되어왔다. 제한된 자원을 가진 생태계가

---

14) IPCC. Climate Change 2018: Special Report(Summary for Policymakers). IPCC, 2018, 6-14.

유지되기 위해서 생물 종들이 탄생하고 멸종되는 일은 자연스러운 과정일 것이다. 그래서 생물 종들의 멸종을 그렇게 심각하게 생각하지 않는 사람들도 존재한다. 하지만 기후변화에 있어서 생물 종 멸종의 문제는 속도이다. 정상적인 상황 속에서 생물의 멸종은 대체로 수만 년 혹은 수십 만 년이라는 아주 긴 시간 속에서 진행된다. 그래서 어떤 종이 멸종되더라도 그 종을 대체할 만한 새로운 종이 등장하고 생태계의 균형을 유지할 수 있는 충분한 시간이 보장되는 것이다. 그러나 인간 문명이 배출해내는 거대한 탄소 에너지로 인한 기후변화는 너무나도 빠른 시간 안에 많은 생물들을 멸종시키고 있다. 이럴 경우 생태계가 복원되기도 전에 균형이 깨어지고 말 것이다. 가족들이나 몇몇 친구들과 함께 즐기는 젱가Zenga라는 게임이 있다. 이 게임에 참여자들은 나무 막대들을 격자로 잘 쌓아 일종의 탑을 쌓은 뒤에 서로 돌아가면서 막대 하나씩을 제거하면서 게임을 진행한다. 쌓은 구조물에서 막대기들이 사라지다가 어느 순간 구조물이 균형을 잃어버리고 무너지면 게임이 끝이 난다. 여기서 필자는 우리의 지구 생태계를 이러한 젱가 게임에 비유하고자 한다. 물론 생태계는 젱가 게임보다 훨씬 더 복잡한 네트워크로 얽혀져 있다. 그런데 생물 종들이 멸종되는 것은 게임에서 막대기가 사라지는 것과 같다. 그리고 막대기 탑이 상당시간 균형을 유지하듯이 촘촘한 네트워크 덕분에 생태계는 어느 정도까지는 유지 될 수 있을 것이다. 그러나 지금과 같이 빠른 속도로 생물들이 멸종해 간다면 막대 탑이 무너지듯 생태계 전체가 균형을 잃고 와르르 무너질 수도 있다. 그러므로 이제 우리는 생물 종이 멸종해간다는 소식을 먼 산 바라보듯 남의 일처럼 여기면 안 된다. 생태계의 망이 무너지면 그 망에 속해 있는 우리 인간 종 또한 생존을 장담할 수 없기 때문이다.

3. 생태문제 인식과 실천의 차이

이렇게 심각한 기후위기와 그로 인한 생물 종 다양성의 파괴를 막기 위해서는 전 방위적 노력이 필요하다. 예를 들어, 기후변화로 인한 평균온도를 올리는 주원인인 탄소배출은 탄소기반 에너지로 작동되는 현대 경제 시스템에 기인한다. 이 글로벌 경제 시스템에 전 세계가 연결되어 있기 때문에 특정 개인들의 행동에 의해 현재의 탄소기반 경제가 갑자기 생태 친화적 시스템으로 바뀌는 일은 겉으로 보기에 거의 불가능해 보인다. 하지만 자세히 생각해보면 한 사람, 한 사람의 변화가 사회전체가 변화하기 위한 기초가 된다. 사람들이 기후 변화의 심각성과 위기의식을 절실히 느낀다면 그러한 생각들이 여론을 형성할 것이다. 그리고 그 여론은 정치인들과 정부를 압박하여 기후위기를 막을 수 있는 구체적인 정책들이 실현될 것이다. 그러므로 기후위기와 생물 대멸종에 대한 사람들의 인식 변화는 매우 중요하다. 세상에 대한 인식이 바뀔 때 삶의 대한 태도와 행동이 달라질 가능성이 높기 때문이다.

그렇다면, 환경 보전, 기후 변화, 생물 종 다양성에 대한 사람들의 인식 현황은 어떠한가? 전국 성인 남녀 1,000명으로 대상으로 실시된 '2020년 환경문제 및 환경개선 부담금 인식조사'[15]에서 설문응답자들은 "우리나라는 다

---

15) 매드 타임스, "2020년 환경문제 및 환경개선 부담금 인식조사," 「엠브레인」 2020년 3월 7일자, http://www.madtimes.org/news/articleView.html?idxno=4003 (2020년 5월 22일에 접속).

른 국가에 비해 환경에 관한 엄격한 규제가 없는 편이다"라는 항목에 67.2%가 그렇다고 대답했으며 "우리나라는 환경오염 책임을 기업보다 소비자들에게 전가하는 경향이 있다"라는 항목에는 무려 81.4%가 그렇다고 응답하였다. 이는 많은 사람들이 환경문제가 개인의 문제를 넘어 기업들과 정부에게 큰 책임이 있으며 정치 및 경제적 시스템과 근본적으로 연결된 사회구조적 문제라는 비판적 의식을 소유하고 있음을 보여준다. 그러면서도 설문 응답자의 75.1%의 사람들이 "일상생활에서 환경보호를 실천하려고 노력하는 편"이라고 대답하였으며 무려 85%의 사람들이 "환경개선부담금' 제도는 필요하다고 생각한다"고 응답하였다. 이는 개인들이 환경보호를 위해 개인적으로 실천하며 '환경개선부담금'과 같은 세금까지 내겠다는 용의가 있음을 보여주고 있다. 통상적으로 조세저항 때문에 정책 추진에서 가장 어려운 부분이 증세를 하는 것인데 이러한 여론은 환경문제에 있어서 정부를 감시하고 정책을 제안해온 시민단체들이나 정책을 수립하고 추진해야 하는 정부에게는 매우 긍정적인 신호일 것이다.

한편, 환경부에서 2014년에 시행한 "환경보전에 관한 국민의식조사"[16] 또한 기후위기 속에서 생물 종 멸종을 지켜줄 생물다양성 문제에 대한 시민들의 인식수준이 상당히 높다는 사실을 보여준다. 생물다양성 보전의 중요성의 척도에서 55.8%가 '매우 중요하다'로 응답했고 41.8%가 '어느 정도 중요하다'

---

16) 한국환경산업기술원, "환경문제, 얼마나 심각하다고 생각하십니까?"환경보전에 관한 국민의식 ②,"「KONETIC(국가산업기술정보시스템)」 2016년 11월 28일자, https://www.konetic.or.kr/insight/infographics_view.asp?1=1&gotopage=1&idx=97 (2020년 10월 31일에 접속).

라고 대답했다. 여기서 우리는 정도의 차이는 존재하지만 96%가 넘는 시민들이 생물다양성 보전을 중요한 문제로 인식하고 있음을 알 수 있다.

이처럼 환경보호 및 생물다양성 문제에 대한 시민들의 인식수준이 높아진 만큼 그에 상응하는 실천이 뒤따라오는지가 더욱 중요하다. 사회 곳곳에서 시민들의 다양한 실천들이 많아지고 그 에너지가 모아질 때 생태친화적 사회체제에로의 변화가 일어날 것이고 당면한 기후 위기 상황도 막아낼 수 있기 때문이다. 그러나 안타깝게도 환경에 대한 시민들의 높은 인식 수준과 실천이 정비례하지 못하고 있다는 소식을 우리는 계속 접하고 있다. 예를 들어, 농림축산검역본부가 반려동물 등록 및 유실 및 유기동물을 비교한 보고[17]에 따르면 2017년에 10만 5천 마리의 반려견이 신규등록 되었지만 10만 3천마리의 반려동물들이 유실되거나 유기되었다. 2018년에는 무려 14만 7천 반려견이 등록되었으나 12만 1천마리의 반려동물들이 유실, 유기되었다. 이러한 통계는 많은 사람들이 반려동물들을 잘 키워보겠다고 신규등록을 하지만 그 만큼 많은 반려동물들이 버려지고 있는 적나라한 현실을 잘 보여주고 있다. 반려동물 양육은 인간 외의 동물들을 존중하는 가치로 연결될 수 있다. 그러나 현실은 반려동물 양육자들과 양육가구들조차 동물존중을 실천하지 않는 상황이다.

현대인들이 다른 생명체를 존중하지 못하고 있음을 보여주는 또 다른 예는 동물실험이다. 동물실험은 3R라 부르는 기본적인 윤리 원칙을 전제하여 시행되어야 한다. 즉 최대한 동물을 쓰지 않는 실험방법으로 대체Replacement하

---

17) 김영은, "유실, 유기동물 수 추이", 「연합뉴스」 2019년 7월 22일자, https://www.yna.co.kr/view/GYH20190722000900044 (2020년 10월 22일에 접속).

고 동물실험 사용 동물의 수를 축소Reduction해야 하며 동물실험은 최대한 실험 동물의 고통을 완화Refinement시키는 조건에서 진행되어야 한다. 하지만 현실은 이 3R 동물실험 원칙과 상반된 모습이다. 대표적 증거가 동물실험의 숫자가 매년 늘어나고 있다는 사실이다. 농림축산검역본부 통계를 따르면, 2017년에는 총 실험 사용 동물 수가 최초로 300만 마리가 넘어 약 308만 마리를 사용하였고, 2018년에는 약 372만 마리로 급증하였다. 이는 241만 마리를 사용했던 2014년과 비교해도 무려 130만 마리가 증가한 상황인 것이다.

4. 지역사회를 위한 생태선교적 교회를 향하여

환경보호와 생물다양성 보전을 위해 교회는 어떤 일을 할 수 있을까? 얼핏 보기에 교회의 사역과 생물다양성의 보존의 일은 서로 전혀 다른 영역에 속한 것처럼 보일 수 있다. 생물다양성은 생태학자나 환경운동가들이 전문성을 가지고 다루어야 하는 주제라는 선입견이 존재하는 것도 사실이다, 사실, 교회 뿐 아니라 일반 시민들도 생물다양성이라는 주제를 대체로 동물원이나 박물관, 과학관 같은 곳을 방문했을 때 접한다. 심지어 생물다양성하면 사람들은 아프리카나 남아메리카 밀림을 떠올리기 때문에 생물다양성 보존은 우리의 일상과 동떨어져 있는 주제라고 생각하기 십상이다.

그러나 생물다양성에는 동물과 식물의 다양한 종들을 지키는 '생물종 다양성' 개념뿐만 아니라 종 내의 집단 간 혹은 개체들 사이의 유전적 변이를 지칭하는 '유전적 다양성과' 생물 종들이 서식처인 자연환경을 보호하고 다양성을 유지하는 '생태계 다양성'의 개념들도 포함되어 있음을 주지할 필요가 있다. 특히, 생태계 환경은 지역마다 천차만별이고 따라서 그 다양한 생태환경에 적응해 살아가는 생물 종들도 지역의 생태 환경에 따라 다를 수밖에 없다. 이런 맥락에서 우리가 살아가는 지역의 주변 생태환경을 지키고 보호하는 일이 생물다양성 보전의 첫 걸음이 될 것이다. 그러므로 생물다양성은 우리의 일상과 동떨어진 것이 아니라 매우 밀접한 연관관계를 가지고 있다.

교회 공동체도 마찬가지이다. 교회의 구성원인 성도들은 신자인 동시에 지역사회의 시민이며 교회공동체가 부지불식간에 지역의 생태적 환경에 도움을 받고 있다는 사실을 우리 스스로 잊어서는 안 된다. 즉, 교회는 지역시민사회와 지역생태환경의 일원이다. 이는 그리스도 교회의 출발부터 지켜왔던 정체성이기도 하다. 교회는 예수 그리스도가 낮은 자리에 임했던 성육신 신앙을 따르고자 하는 공동체이기 때문에 이웃들과 어울리며 이웃과 지역사회를 섬기는 일은 교회의 중요한 본질적 모습 가운데 하나이다. 그러므로 각 교회들이 지역사회의 일원으로서 지역사회를 품고 있는 생태환경을 보전하는 일에 참여하는 것은 이웃을 섬겨야 하는 교회의 본질적 사명을 수행하는 것이다.

그러나 필자는 이 글에서 생태적 신앙에 대한 복잡한 신학적 논의를 하기보다는 생물다양성을 지키고 보전하기 위해 교회와 신앙인들이 할 수 있는 구체적인 실천방안들을 제안하고자 한다. 물론 각 교회공동체 및 성도들이 처한 상황이 다르기 때문에 여기서 필자가 나누는 실천방안들은 구체적 상황 속에서 수정되어야하기 때문에 아이디어를 얻는 차원으로 독자들이 읽어주기를 바란다. 그만큼 기후위기로 인해 생물 대멸종이 현실화될 가능성이 매우 높은 이 시점은 발 빠른 대응과 기민한 실천이 매우 필요한 상황이라 하겠다. 이제 그 실천방안들을 하나씩 살펴보도록 하자.

(1) 성서읽기와 설교의 변화

기독교 신앙인이란 성서에 기반한 세계관을 가지고 세상을 해석하고 변화시키기 위해 살아가는 사람들이다. 그러므로 교회와 성도들이 기후위기 극복과 생물다양성 보전에 앞장서기 위한 길은 성서와 기독교 신앙의 생명중심적, 생태중심적 해석으로부터 찾기 시작해야 한다. 특별히 성경의 창조 이야기들의 해석이 달라져야 한다. 예를 들어, 하나님께서 자연 세계생태계와 동물들을 인간을 위해 창조했다는 기존 관념과 성서해석에서 벗어나야 한다. 성서는 오히려 인간 아닌 자연의 존재들도 하나님께서 창조하시고 사랑하시는 소중한 피조물이라 말씀하고 있다. 이러한 바탕 위에서 기독교인들은 이제 인간과 문명에 의해 동물들이 차별, 착취하는 모습에 아파하고 하나님께서 동료 피조물로서 창조하신창 2:18-19 동물의 본래적 지위를 회복하는 일이 하나님 나라를 이루어가는 일이라 믿으며 이를 위한 신앙적 실천에 나서야한다.

(2) 목회자의 역할

오늘날의 기후 위기는 문명의 대전환을 요구하고 있다. 그런데, 대전환이 이루어지려면 구체적인 현장에서 변화가 있어야 한다. 회개라는 단어에 대한 성서원어의 의미가 방향의 전환이라는 점에서 문명의 전환은 기독교적 관점에서 회개신앙의 실천이라 말할 수 있겠다. 왜냐하면 진정한 회개는 행동과 삶의 변화에서 완성이 되는 것이기 때문이다. 문명의 전환은 삶의 양식 변화를 반드시 수반한다. 하지만, 문명의 전환이 반드시 거창한 행동을 필요로 하는 것은 아니다. 마틴 루터라는 한 사람이 중세 가톨릭교회의 부패를 논리적으로 비판하기 위해 95개조 반박문을 교회 문에 붙인 작은 행동이 결국 종교개혁을 낳았고 문명사적 전환의 불씨가 되었음을 기억할 필요가 있다. 우리 개신교인들이 바로 그 마틴 루터의 후예가 아니던가?

기후 위기와 생물대멸종 시대를 기독교적 관점에서 근본적으로 극복하기 위해서 목회자들은 교회에서 성도들과 나누는 메시지에 변화를 줄 필요가 있다. 이러한 위기의 시대에서 목회자들은 교회 내에서 기존의 제사장적 역할을 넘어서 시대적 부패에 저항했던 마틴 루터 목사의 후예이자 이스라엘 민족의 위기 앞에서 하나님의 경고 메시지를 용기 있게 전달했던 성서의 예언자로 자신들의 정체성을 확장시킬 필요가 있다. 메시지의 변화를 위해서는 필자는 우선 목회자들에게 기후변화 및 생물다양성 이슈에 대해 적어도 교양 수준의 지식을 공부할 것을 권면 드린다. 바른 지식에서 바른 행동이 나오기 마련이다. 더불어 이 글을 포함하여 이 책에 나오는 다른 글들을 통해 기후위기 및 생물다양성에 대한 다양한 과학적, 신학적, 교육학적 관점들을 배우고 이러한 공부를 녹여 시리즈 설교나 강해를 꾸준히 해나가고 것도 좋을 것이다. 교회학교, 성경공부, 속회나 구역회 등의 교회교육의 현장들에도 이런 메시지의 변화를 적용해보자.

이를 위해 인간의 죄를 고발하는 창세기 3-5장, 인간 문명의 교만을 드러내는 창세기 11장의 바벨탑 이야기, 민족의 위기를 끊임없이 경고하고 회개를 요구하는 구약의 예언서들, 예수의 하나님 나라 비유 등의 성서 본문들을 생태계 파괴의 현실과 연결시켜 보면 좋겠다. 특별히, 기독교 신앙의 최종 목표인 하나님 나라와 하나님의 아름다운 창조 세계의 회복을 지속적으로 연결시킬 필요가 있다. 예를 들어 여기에는 이사야의 종말론적 비전을 읽을 수 있는 본문사 11장이 도움 되겠다.

(3) 생명 중심 시대를 세워가는 선교

회개와 교육을 통해 개인과 교회공동체가 변화가 일어났다면 이는 반드시 세상을 하나님 나라로 변화시키기 위한 선교로 이어져야 할 것이다. 이것이 교회의 사명임을 우리 모두 잘 알고 있다. 하지만, 문명적 전환을 요구하는 기후위기 및 생물대멸종 위기 시대에는 기독교의 선교에 대한 관점과 내용은 달라져야 한다. 더 이상 선교는 개체교회나 특정 교단의 물량적 증대와 영토적 확장이라는 자아확장적인 이해여서는 안 될 것이다. 이러한 선교는 문명의 확장이 현재의 생태적 위기를 불러일으킨 논리를 따르는 것이기 때문이다. 이는 예수 그리스도의 하나님 나라 정신에 배치되는 일임을 기억해야 한다. 예수가 선포한 하나님 나라 안에는 자아확장적인 사람이 들어가는 것이 아니라 예수가 모범을 보였듯이 겸손하게 낮은 자리에서 이웃을 섬기는 사람이 들어갈 수 있다마 19:23-24. 예수의 하나님 나라는 작은 자소자라 할지라도 실족케 해서는 안 되며막 18:6-7 그들을 섬기고 아껴야 한다. 지극히 작은 자들의 필요를 채우는 일이 예수가 말한 하나님 나라의 선교이다마 25:40-45. 기후변화로 인한 생물대멸종이 벌어지고 있는 현 상황은 인간 문명에 희생당해 온 생태계와 동물들이 성서가 말하는 지극히 작은 자들임을 보여준다. 선교宣敎는 그 뜻대로 기독교의 진리를 널리 전하여 알리는 일이다. 최근 코로나 사태 이후로 오히려 사회가 교회를 걱정하는 지경에 이르렀다. 그러나 교회의 본질은 세상의 안위를 걱정하고 그 일을 위해 헌신하는 것이다. 생물대멸종 위기 시대에 역설적으로 생태중심, 생명중심의 문명적 비전을 세상에 널리 알리고 그러한 시대정신을 진정성있고 구체적으로 하나하나 실천해 가는 교회 공동체가 될 때 진정한 선교가 시작된다. 그것이 바로 기후위기 시대의 선교가 될 것이다.

(4) 생태운동 센터로서의 교회

위의 세 가지 전제들 위에서 생태선교적 교회로서 각 지역교회들이 할 수 있는 일을 찾을 수 있을 것이다. 특별히, 필자는 기후위기 시대 및 생물대멸종 시대에 지역의 각 교회들이 가지고 있는 물적 자원 및 인적 자원을 각 교회의 사정에 따라 최대한 활용한다면 교회가 지역사회의 '생태운동 센터'로 공헌할 수 있는 일들이 많다고 믿는다. 목회현장에서 목회자들과 평신도 지도자들 그리고 기독교 내의 생태 및 환경 시민운동가들이 고려해주기를 바라는 마음에서 몇 가지 구체적으로 실천 가능한 대안들을 한 번 제안해 보고자 한다.

첫째, 이제 각 교회는 교회의 정체성 가운데 한 부분을 '지역 생태계 지킴이'로 삼아야 한다. 교회가 지역 사회를 섬겨야 한다는 것은 이제 교회론의 상식이 되어 있는 분위기이다. 물론, 이 부분도 더욱 잘 실천되어야 하지만, 생태계가 무너져 인류의 생존 자체가 위협받는 작금에 있어서는 지역을 섬기는 영역이 인간 공동체뿐만 아니라 지역의 생태환경을 구성하는 인간 외의 생태적 공동체들도 섬겨야 하는 것이다. 이번 코로나 19 팬데믹을 겪으면서 한 가지 깨달은 사실이 있다. 교회를 통한 집단감염이 문제가 되다보니 몇 개월 넘게 비대면 예배가 진행되었고, 교계에서는 개신교회만 집중적으로 문제 삼고 통제하는 것이 아닌가하는 불만이 최근에 흘러나오기도 하였다. 하지만, 가만히 생각해보면 정부가 개신교를 비롯해 종교 모임에 강화된 방역을 요청하고 위반 시에 강하게 단속하는 이유는 교회가 지역사회에 영향을 미칠 수 있는 중요한 통로이기 때문이다. 지역사회의 다양한 사람들이 큰 집단의 규모로 일주일에 최소한 1번 이상 방문하고 서로 접촉이 일어나는 장소가 바로 교회와 같은 종교시설인 것이다.

여기서 우리는 이러한 정부의 방역방침 그리고 감염이 일어난 교회에 대한 시민들의 비판을 전향적으로 생각해 볼 필요가 있다. 이는 정부나 시민사회가 교회를 지역사회에 영향을 끼칠 수 있는 지역사회의 일원으로 바라보고 있으며 지역사회 교회에 대한 기대가 있다는 것을 반증한다. 그러나 이러한 기대와 달리 교회 스스로는 그 동안 한국 개신교에 만연했던 개교회주의 덕분에 오히려 지역사회를 향한 책임감을 방기하고 있었던 것은 아닌가하는 반성이 필요하다. 코로나 시대가 장기화되고 있는 현 시점에서 이제 지역사회 교회들의 목회자와 성도들은 지역사회 방역의 책임자라는 의식하고 코로나로부터 안전한 지역사회가 될 수 있도록 앞장서야할 것이다. 위에서 언급한 것처럼 코로나19 팬데믹과 생태계 파괴 문제는 긴밀히 연결되어 있기 때문에 교회는 한 걸음 더 나아가 교회 공동체가 속한 지역의 '생태환경지킴이'로 거듭

나야 한다.

    둘째, 각 지역의 교회들은 교회 안의 생태 운동을 지금 당장 시작해야 한다. 목회자의 설교와 교육이 교인들의 의식을 생태적 패러다임으로 전환시키는 데에 출발점이 될 수 있다. 하지만, 생태적으로 자각한 평신도들이 조직화된 운동을 교회 내에서 벌이지 않는다면 교회 공동체가 책임져야 할 생태적 문제를 해결하기는 쉽지 않다. 왜냐하면 교회라는 조직도 결국 제한된 예산을 가지고 선택적 사역을 할 수 밖에 없는데 많은 성도들의 관심이 없다면 생태적 이슈에 예산이 배정되기 어렵기 때문이다. 그러므로 지역의 교회들이 '지역 생태환경의 지킴이'로 거듭나기 위해 교회 공동체는 '생태환경선교위원회'와 같은 조직을 구성하고 출범시키면 좋겠다. 물론, 이러한 조직이 형식적 조직으로 전락하는 것을 방지하기 위해 그 조직에는 평소 생태문제에 관심을 가지고 있었던 평신도 지도자나 성도들이 참여해야 한다. 교회 성도 가운데 생태문제 전문가나 활동가가 있다면 더욱 좋을 것이다.

    교회 공동체는 '생태환경선교위원회'와 같은 조직을 중심으로 다양한 생태적 캠페인을 교회 내부에서 실천할 수 있다. 예를 들어, 각 교회들은 공동체의 규모에 따라 크고 작은 생태 에너지대지, 건축물, 물, 전기, 쓰레기 등를 사용하고 있을 것이다. 교회 공동체가 한 달 내지는 한 해 동안의 사용하고 버리는 에너지가 얼마나 되는지 파악하는 일도 필요하다. 최근 기후변화의 경각심을 높이기 위해서 탄소발자국이라는 개념을 도입하여 개인이 탄소 발자국을 확인하는 캠페인 및 생태교육들이 일어나고 있다. 이를 교회 공동체에 적용하여 각 지역 교회의 탄소발자국을 파악해보는 것도 시도해볼만한 일일 것이다. 이러한 노력을 통해 실질적 에너지를 줄이는 방안, 태양열과 같은 친환경 에너지를 교회에 도입할 수 있는 방안이 적극 검토되어야 한다.

또, 한국교회는 초기부터 계속 매주 교인들과 식사의 교제를 나누어왔다. 이는 식사를 나누어 공동체의 화평과 일치를 이루었던 초대교회처럼 성도 간의 깊은 관계가 이루어져 교회 공동체를 든든하게 세워 갈 수 있는 좋은 전통이라 하겠다. 하지만 환경의 측면에서 보면, 주일식사는 교회가 많은 에너지를 사용하고 많은 쓰레기를 배출하게 되는 단점을 가지고 있다. 지금은 코로나 팬데믹 상황이라 주일 식사가 몇 개월 동안 중단된 상태인데, 오히려 이것이 생태적 관점에서 주일 식사를 반성해 볼 수 있는 계기가 되었으면 좋겠다. 코로나 팬데믹이 종식이 되어야 교회는 공동의 식사를 다시 나누게 될 것이다. 그러나 포스트코로나 시대에는 이전과 다른 친환경적인 식사교제가 이루어져야겠다. 예를 들어, 농촌선교를 위해 도시교회와 농촌교회가 농산물을 직거래하는 방식은 이미 실천하고 있는 교회들도 많이 있을 것이다. 그렇다면, 기존의 네트워크를 활용하거나 확대하여 친환경 혹은 유기농 농산물을 농촌으로부터 제공받을 수도 있을 것이다. 사실, 현대에 일상화된 육식문화, 공장식 축산업이 기후위기의 중요한 원인들 가운데 하나로 지목되고 있다. 이러한 문제점이 성도들 가운데 효과적으로 인식되기 위해서는 말씀을 통한 변화뿐만 아니라 교회식사문화 바꾸기 캠페인도 좋을 것이다. 더불어, 교회 식사에서 사용하는 달걀이나 육류도 동물복지 인증된 재료를 사용하거나 적어도 한 달에 1번 정도는 채식으로만 주일식사를 준비하는 운동이 일어나기를 바래본다.

한편, 지역생태학이라는 분야는 자신이 거주하는 지역의 생태계를 구성하는 동물, 식물의 이름을 얼마나 아는지에 질문한 뒤, 이를 공부하여 아는 것이 지역생계 보호의 첫 걸음이라는 사실을 알게 해준다. 각 교회들도 주변의 생태계에 어떠한 동식물이 존재하는지 혹은 우리가 보호해야할 생물종들은 없는지 위원회를 중심으로 조사하고 교회 구성원들에게 홍보하는 일을 할 수 있다. 교회 성도들과 함께 지역의 생태계 탐방을 계획하고 실행해보는 것도 좋을 것 같다. 코로나 이전까지 많은 한국 교회들은 1년에 한두 번 야외예배를 드려왔다. 이제는 코로나 팬데믹이 종식된 뒤에는 관성적으로 교인들의 친목만 도모하는 야외예배를 드릴 것이 아니라 야외예배는 하나님의 창조하신 아름다운 피조세계와 동료 피조물들을 돌아볼 수 있는 생태신앙 교육프로그램으로 거듭날 필요가 있다.

셋째, 각 지역 교회들은 교회 내 생태 운동과 지역 생태시민운동의 긴밀한 관계 및 연대를 적극적으로 시도해야 한다. 한국교회는 한국의 근현대 역사에서 공공선을 위해 봉사해왔다. 특별히, 교회는 일제 강점기의 3.1만세 운동, 농촌계몽운동, 독재정권 당시의 인권 운동 등의 시민운동에서 주요 네트워크의 역할을 하였다. 역사 속 위기의 순간마다 기독교가 역사적 변동을 위한 역할을 감당하였다면 기후위기와 생물대멸종 위기 시대에 기독교가 생태보전을 위한 시민운동의 네트워크가 되지 말란 법은 없다. 물론, 1990년대 이후 시민사회 및 NGO를 통한 시민운동이 발달한 지금에서 교회의 역할은 과거와 같지는 않을 것이다. 과거에는 교회가 시민운동에 선봉에 섰다고 한다면, 현재는 전문성이 필요한 시민운동의 부분은 시민단체에 맡기면서 교회가 시민운동의 든든한 후원자이자 마중물의 역할을 감당하는 일을 통해 시민사회에 공헌할 수 있다. 생태운동의 영역에도 교회가 이런 방식으로 참여함으로써 일종의 지역생태운동의 센터로 자리매김할 수 있다.

이를 위해서는 우선 교회와 지역 생태활동가들과 NGO단체들 사이의 끊임없는 교류와 소통이 필요하다. 그러다보면 교회가 속한 지역의 생태문제를 환경시민단체들과 의논하거나 정책결정에 있어서 시민단체들과 함께 목소리를 낼 수 있을 것이다. 동일 지역의 환경시민단체들과 연대하여 지역 생태계의 보전상황을 함께 점검하고 생태계에 위협이 될 수 있는 기업이나 정부의 행위를 감시할 수 있다. 더 나아가 지역 교회들은 환경시민단체들에게 보다 더 적극적인 방식으로 공헌을 할 수 있다. 예를 들어, 많은 교회들은 주중에 쓰지 않는 공간들을 가지고 있는데, 만일 이러한 공간들을 환경시민운동 단체나 활동가들이 주중에 사용할 수 있도록 교회를 개방할 수 있다면 교회와 시민사회 모두에 이익이다. 교회는 공공교회로서 지역사회를 섬긴 것이 된다면, 늘 예산이 부족하고 공간이 필요한 환경시민단체에게는 큰 힘이 될 것이다. 한편, 교회가 생태운동 센터로서의 역할을 지속하려면 생태계 문제인식과 해법에 대한 전문가의 식견을 정기적으로 듣고 배워야 한다. 이럴 때에 위에서 서술한 것처럼 환경시민단체와 좋은 관계를 형성하고 있다면 그들로부터 소개받은 지역의 환경전문가, 생태활동가, 동식물 전문가들을 초청하여 실질적 배움과 대안을 찾을 수 있을 것이다.

5. 결어

 이번 코로나 시국에서 개인적으로 새롭게 느끼게 된 바가 하나가 있는데, 생명의 관계에 대한 부분이다. 기독교인으로서 생태계를 지키고 살리는 것이 중요한 일이라고 여기며 살아온 터라 자연과의 관계가 중요하고 다른 생명체와 가깝게 지내는 것이 좋은 것이라고만 생각했다. 그런데, 생태계를 지키는 것이 단순히 자연과 가까운 상태라는 것은 아니라는 점을 깨닫게 되었다. 코로나 팬데믹 앞에서 전 세계의 비행기가 멈추었고 해외여행이 사라졌다. 지난 몇 십년간 사람들은 아름다운 자연 풍경이 있는 곳이라면 세계 곳곳을 여행 다녔고 심지어 오지의 순수한 자연이라는 환상을 제시하며 거의 모든 곳에 여행의 루트가 개척되었다. 그런데 한 순간에 그 모든 것이 정지된 것이다. 하지만 놀랍게도 전 세계 여행이 중지되자 이탈리아와 같은 관광명소들이나 세계 자연 곳곳에서 그동안 보지 못했던 동물들이 돌아왔다는 소식들이 들려온다. 가만히 생각해보면 우리는 자연을 즐긴다는 명목아래, 직관을 해야 직성이 풀린다는 우리의 욕망을 채우려고 다른 동료 피조물들이 살아가는 서식처를 훼손하며 다닌 것이다. 다른 사람의 프라이버시, 사적 영역에 대한 존중만이 중요한 것이 아니다. 이번 팬데믹을 통해 우리는 자연과 그 자연 안에 사는 생명체들의 영역을 존중해주고 지켜주는 것, 그들의 삶과 삶의 터전을 존중해주고 침범하지 않는 것 또한 매우 중요한 일임을 깨닫게 된다. 코로나로 고생하고 고통받고 나서야 다른 생명체 존중이 결국 우리를 지키는 길임을 알게 된 것이다. 이래서 인간은 어리석다고 성서는 말씀하나보다.

기후위기와 생물대멸종 위기 앞에서는 이러한 어리석음을 다시 저지르면 안 된다. 코로나19 바이러스 자체에 대한 백신은 아직 나오지 않았지만 생명 파괴적인 인간 문명에게는 코로나19 사태가 백신인지도 모른다. 자연이 주는 경고 속에서 하나님의 우리를 향한 경고를 듣고 반성하고 문명패러다임이 변해야 한다. 그럼에도, 여전히 어리석은 행위를 지속한다면 인류가 겪을 고통은 현재의 팬데믹보다 훨씬 더 끔찍할 수 있다. 부디 이 책에 있는 글들을 참조하여 각 교회공동체들이 기후재난을 막기 위해 자신이 속한 지역의 생태계를 지키고 돌보는 작은 일들을 지금부터 실천해나가기를 간절히 바란다.

"생물다양성과 인간의 하나님 형상":
'무지(無知)로부터의 희망'

박 재 형 • 들꽃향린교회 담임목사

1. 들어가며

무더운 여름 우리는 한 번씩 묻곤 한다. '이 지긋지긋한 모기는 도대체 왜 존재하는가?' 우리의 일상에서 잠을 설치게 하고 가렵고 귀찮게 할 뿐만 아니라, 연간 세계에서 가장 많은 사망자를 일으키는 모기는 가히 인류의 가장 큰 적이라고 부를만하다. 우리는 이미 이성적으로는 알고 있다. 모기도 엄연히 생태계 일부를 차지하며 지구환경 가운데 나름의 중요한 역할을 하는 존재라는 사실을 말이다. 하지만, 모기에게 고통을 받는 우리 인간의 관점에서 볼 때, 모기는 아무런 이득을 가져다주지 않는 지구상에서 사라져야 할 해충일 뿐이다. 과거, 인류가 현재와 같은 생물학적 지식을 갖지 못했던 시절, 인간에게 모기는 이처럼 자연의 저주, 혹은 악마의 창조물로 여겨졌다.

그렇다면, 실제로 지구상에서 모기가 멸종될 경우, 생태계에는 어떠한 일이 벌어질까? 물론, 그 답은 이미 잘 알려져 있다. 숙주의 피를 섭취해야 하는 산란기의 암컷을 제외하고 모기는 꿀벌과 마찬가지로 꽃의 수분을 도우며, 생태계의 근간이 되는 식물의 번성에 중요한 역할을 감당하는 곤충 중 하나이다. 따라서, 모기의 멸종이 지구 생태계의 공멸을 의미한다는 것은 분명하다. 하지만, 여전히 우리의 일상에서 모기는 지구상에 한 마리도 남기지 않고 사라져야 하는 가장 지긋지긋한 해충일 뿐이다. 그래서 우리는 모기에 물리지 않기 위해, 모기약을 아끼지 않고 뿌리며, 보이는 대로 아무런 거리낌 없이 학살을 자행할 수 있는 것이다.

이렇듯, 인류는 언제나 자신의 중심에서 세계를 관찰하고 이해하며 규정해왔다. 이러한 인간 인식의 자기중심성은 생명이 없는 물질세계로부터 자연, 그리고 상호 긴밀한 사회적 관계로 얽혀있는 타자에게까지 이른다. 인간은 언제나 나의 고통, 나의 쾌락, 나의 생존 여부에 대한 관련성을 기준으로 보고 듣고 느끼며 판단한다. 그리고 사실, 이러한 인식의 방향과 방식은 인간에게만 국한된 것은 아니다. 이는 생명 활동을 하는 모든 생명체에게 공통으로 나타나는 것이며, 이러한 자기중심적 생명 지향은 현재 지구상에 존재하는 모든 생명체가 살아남을 수 있도록 한 원동력이 된다.

하지만 여타 다른 동물들과 달리, 인간은 그 생명 활동 양식에 있어서 이러한 자기중심성을 방해하거나 억제하는 요소가 더 강하게 드러난다. 물론 이러한 인간의 탈중심적 경향은 인간이 타생명체에 비해 질적으로 전혀 다른 존재이기에 가능한 것은 아니다. 혹은 인간이 여타 동물들보다 생물학적으로 더 완벽하거나 혹은 더 뛰어나기 때문에 갖는 초월적 능력도 아니다. 오히려 인간은 여타 동물과 비교해 볼 때, 신체 기관의 발달이 더디고 또 미숙하다. 그 결과 자신을 둘러싼 '주위세계'Umwelt에 대한 대응 능력에 있어서 인간은 여타 동물들에 비해 훨씬 더 비직관적이고 비기계적으로 행동할 수밖에 없다. 인간은 자연과의 직접적인 대결에 있어서는 한없이 약하다. 인간은 그 신체적 능력의 한계로 인해 자연적 상태에서는 여타 생명체들과 달리 목표물에 직관적으로 몰입하기 쉽지 않으며, 주변환경의 장애물들에 기계적으로 대응할 수 없다. 물론 인간 이외의 생명체들도 저마다의 생물학적 한계를 지니고 있다. 하지만, 진화의 과정에서 인간을 제외한 생명체들은 자신의 주위세계에 적응하는 형태로 자신의 신체 기관을 수정, 보완해가지만, 유독 인간에게는 신체 기관이 퇴보하는 현상을 보인다. 대신 인간은 다른 방식으로 자신의 주위세계를 장악해왔다. 인류는 그 세계에 자신을 적응시키는 대신, 그것을 조작하고 가공하여 자신이 생존할 수 있는 조건으로 변화시키는 방식으로 생존하고 번성해온 것이다.

이러한 방식을 통해 인류는 이 지구 생태계에서 점차 우위를 점할 수 있게 되었을 뿐만 아니라, 이제는 그 생태계 자체를 변화시킬 수 있는 위치에 서게 되었다. 이제 우리가 살아가는 이 지구환경은 더 이상 과거의 그것과 같다고 할 수 없다. 생태계, 기후 등 모든 지구환경이 인간에 의해 과거와는 전혀 다른 국면을 맞이하고 있기 때문이다. 그리고 이러한 변화는 이제 역으로 우리 인류의 존재와 삶 자체를 송두리째 뒤바꾸고 앗아갈 수 있는 상황으로 급속히 나아가고 있는 것이 우리의 현실이다.

2. '아는 만큼 보인다' : 자연에 대한 인간의 자기중심적 시선과 생물다양성의 문제

"아는 만큼 보인다"는 말이 있다. 우리 인간은 일평생을 살아가면서 얼마나 다양한 것들을 경험하고 알 수 있을까? 물론 이에 대해 수치상으로 평균을 내서 정확하게 제시할 수는 없을 것이다. 하지만, 아마도 생각보다 그리 많지는 않을 것이다. 인류의 과학기술문명이 눈부신 발전을 이룬 지금, 인류는 우리를 둘러싼 이 세계에 관해 '이제 거의 모든 것을 안다'라고 착각할 수도 있다. 과연, 그럴까? 재미있게도 현대 과학기술이 발전하면 할수록, 과학자들은 오히려 그동안 우리가 알았다고 생각한 것보다 모르는 것이 더 많아졌다고 고백할 수밖에 없다. 자연과 세계를 관찰할 수 있는 기술이 발전하면 할수록 우리가 미처 볼 수 없는 세계는 점점 더 늘어가기만 하기 때문이다.

사실, 인류의 과학기술과 그 지식은 인간이 직접 관찰할 수 있는 것의 범위를 벗어날 수 없는 한계가 있다. 따라서, 현대의 자연과학은 20세기 최첨단 양자물리학을 발견함으로써, 오히려 더 겸손해졌다고 할 수 있을 것이다. 뉴턴의 법칙으로 이 세계의 모든 사물의 이치를 밝혀낼 수 있을 것이라던 인류의 자신감은 이제, 우리를 둘러싼 이 세계가 인간의 감각과 지식으로는 결코, 완전히 알고 경험할 수 없는 미지의 영역이라는 겸손함으로 변하게 되고 말았다. 그리고 이러한 자연과학의 무지함에 대한 깨달음은 이 세계와 자연을 바라보는 인류의 시선을 조금씩이나마 바꿔나가고 있다. 오랜 시간 동안 인류는 자연을 인간을 위한 도구, 소모품으로 여겼다. 그래서 아무런 거리낌 없이 자연을 개발이라는 명목으로 마구잡이로 훼손할 수 있었던 것이다.

20세기에 들어서 인간의 횡포로 점점 황폐화하는 자연으로 인해 인류가 생존에 심각한 위협을 받자, 그제야 위기의식을 느끼고 자연보호, 생태계 보전이라는 생각을 하게 되었다. 하지만, 이러한 깨달음에도 한계가 있다. 자연을 보호하고 생태계를 보전하는 이유가 바로 인간이었기 때문이다. 오로지 인간의 생존이라는 관점으로 접근하다 보니 부작용이 발생하게 된 것이다. 명목은 자연보호, 생태계 보전이었지만, 실상은 또 다른 이름의 자연 개발이 되고 말았다. 자연과 생태계를 인간의 목적과 그에 상응하는 관점에서만 바라보고 조절하고 조작하는 것에 그치고 만 것이다. 그 결과, 조금씩 자연은 인간의 기준에 맞춰 단순화되어 가고 그 다양성을 잃게 된다.

그 원인은 무엇일까? 먼저 일차적인 원인은 바로 인류만을 위한 일방적인 목적 지향성에 있다. 인류가 지속적으로 이 지구상에서 풍요를 누리며 살아가기 위한 목적에 맞춰 그저 자연을 재조작한 것뿐이기 때문이다. 인간 삶의 조건을 기준으로 그에 유리한 방식으로 접근했기 때문에, 우리가 미처 알지 못하고 보지 못한 자연의 영역에 대해서는 무관심할 수밖에 없었던 것이다. 나무가 없으면 인위적으로 나무를 심고, 멸종 위기에 처한 생물이 있으면 인위적으로 그 개체 수를 늘리는 방식으로 말이다. 물론, 당장은 효과가 있었지만, 여전히 우리가 알지 못하는 자연의 방대함과 다양함으로 인해 시간이 지날수록 역효과가 발생하고 말았다.

여기서 알 수 있듯이 그 이차적인 원인은 바로 자연에 대한 인간의 무지함에 있다. 아니, 더 정확히 말하면, 인간이 자신의 무지함을 깨닫지 못하고 마치 다 알고 있다고 교만했기 때문이다. 통계에 따르면 여전히 지금도 전 세계적으로 하루 평균 300개의 새로운 종이 발표된다고 한다. 이는 이미 존재하는 전체 종의 약 10%로 추산되는 수이다. 그렇다면 이것이 의미하는 바는 무엇일까? 그것은 바로 이 땅의 생명체들에 대해 우리가 아는 것은 아주 미미하다는 사실이다. 이는 인간이 이 자연 속 곳곳에 존재하는 생명체들을 모두 알고 있다고 생각했지만, 사실은 거의 아는 게 없을 수도 있다는 것을 의미한다. 그러다 보니, 자연을 지엽적으로 볼 수밖에 없고 눈에 보이고 몸으로 실감하는 일부 종의 멸종에만 관심을 기울이게 된 것이다.

이러한 접근 방식의 자연보호, 생태계 보전은 결국, 자연을 인간의 관점에서 다시 변형시키는 결과를 낳게 되었다. 인류는 그동안 자신의 생존과 번영을 위해 자연을 인위적으로 조작하여 획일화하고 단순화시켜버렸다. 보다, 풍부한 식량을 얻기 위해 땅을 개간하여 자신이 원하는 한 종만을 심고 기르고 결국, 그 효율성을 위해 그 땅의 다양성을 파괴하고 만 것이다. 예를 들어, 논에는 벼 이외의 식물은 자라지 못하도록 하고, 사과밭에는 사과나무만, 배밭에는 배나무만 자라게 하는 방식으로 말이다. 이렇듯 어쩌면 우리가 오랜 시간 동안 당연한 것으로 먹고 마셨던 것들이 생각보다 그리 건강하지 못한 열매일 수도 있다. 왜냐하면 자연의 다양성 안에서 서로의 상호작용을 거세당한 채, 인간의 목적에 상응하도록 조작된 것이기 때문이다. 현재 지구상에 존재하는 척추동물 가운데 가장 많은 개체 수를 보이는 종은 무엇일까? 그것은 바로 인류이다. 그다음으로는 바로 인간이 자신의 목적을 위해 키우는 가축이다. 대략 전체 척추동물의 80% 이상을 차지한다고 한다. 그리고 나머지 야생동물들의 수는 10% 남짓밖에 되지 않는다. 지난 40여 년 동안 인간과 가축을 제외한 야생 포유류 종들 가운데 약 80%가 이미 멸종된다는 것이다. 그뿐만이 아니다. 지구상에 존재하는 다양한 포유류, 조류, 어류, 양서류, 파충류의 개체 수는 68%나 줄어들었고, 곤충은 매년 2.5%씩 줄어들었으며, 전체 곤충의 40%가 이미 멸종 위기에 처했다고 한다. 결국, 이 모든 원인의 중심에는 바로 인류가 있었다.

이러한 문제의식을 통해서 비로소 자연의 '생물다양성'에 대한 논의가 본격적으로 시작된 것이다. 생물다양성이란 간단히 설명하면 다음과 같다. 그것은 지구 곳곳에 존재하는 생물의 다양성에 대한 인류의 자각이다. 이것은 인류가 이제껏 자연에 관해 모두 안다고 자부했는데, 사실은 아는 것이 별로 없었다는 사실을 이제야 인정하기 시작했다는 것을 의미한다. 자연 생태계는 우리 인간이 아는 것보다 훨씬 다양한 생명체로 이루어져 있으며, 그 다양성이 서로 조화를 이루어 그동안 우리가 마음껏 누렸던, 이 조화롭고 아름다운 지구환경을 유지해왔다는 인류의 무지를 인정하는 것 말이다. 이러한 이유로 생물다양성에 대한 인정은 이제, 자연에 대한 우리 인류의 무지를 나타낸다.

이제 이러한 자연에 대한 무지의 인정, 지식의 교만에 대한 인류의 반성이 다시금 인류와 자연 사이의 조화와 공존을 가능하게 하는 길을 열어준 것이라 할 수 있다. 이 생물다양성 이론에 따르면, 이 자연에 존재하는 생명체의 종이 다양하면 다양할수록 보다 지속적이고 안정적으로 생태계가 보존될 수 있다. 이러한 생물다양성 논의의 시작이 우리에게 주는 의미는 일차적으로, 현재 심각해진 지구환경 파괴에 대한 위기의식을 인류가 비로소 공유하기 시작했다는 것이다. 이미 그 위기는 우리 코앞에 닥쳐 있고, 우리 삶 가운데 깊숙이 자리 잡고 있기 때문이다. 또한, 작금의 '코로나19 사태' 가운데 우리가 겪는 외로움과 두려움의 원인이 바로 인류의 무지에서 비롯한 자연 생태계의 파괴이기 때문이라 할 수 있기 때문이다. 하지만, 그 또 다른 의미는, 동시에 인류의 무지로부터 시작하는 희망에 대한 새로운 깨달음이라 할 수 있다. 이러한 생물다양성에 대한 인류의 자각은 곧, 우리 자신의 무지에 대한 근원적인 깨달음이다. 그동안 인류가 무지했음을 깨닫는 것, 그리고 여전히 우리는 무지하다는 것. 이 무지에 대한 자각, 깨달음이 바로 우리 인류의 희망의 시작이기 때문이다.

3. 자기중심적 하나님 형상 이해 한계

전통적인 '하나님 형상'에 대한 이해는 이러한 인류의 자기중심적 목적 지향성과 자연에 대한 무지를 고스란히 담고 있다. 이러한 인간중심적인 '하나님 형상' 이해는 인류를 자연과 여타 생명체 위에 우월한 존재로서 군림하도록 부추겼고, 자연에 대한 인류의 착취를 합리화해준 것이 사실이다. 그렇다면, 우리는 작금의 지구환경 파괴와 그로 인한 인류의 멸종 위기 앞에서 '하나님 형상'으로서 인간의 자기 이해를 어떻게 다시 해석할 수 있을까? 기존의 전통적인 해석처럼 인간에게 자연에서의 특별한 지위를 부여하고 그 자기중심적 무지를 고수하며 공멸의 종착점으로 나아갈 것인가? 아니면, 교리적으로 박제되어있는 기존의 '하나님 형상' 개념의 한계를 직시하고 인류에게 주어진 신적 과제, 인간의 자기중심성을 극복할 수 있는 본연의 가능성으로 이해하여 새로운 길을 모색할 것인가? 이제 우리 인류는 더 이상 지체할 수 없는 급박한 선택의 기로 앞에 놓여 있다.

위에서 언급했듯이, 인간은 자신의 신체 기관이 가진 미숙함의 한계를 주위세계를 조작, 가공하며 변화시키고 자신들의 생존에 적합한 환경으로 만들어가는 것으로 극복한다. 이러한 과정을 거치며 인류는 비대해진 중추신경계와 더욱 복잡하게 진화된 뇌 조직을 갖게 됨으로써, 육체적 능력 대신 정신적 능력이 발달하게 된다. 이러한 결과로 인간은 자신을 객관화하여 인식하는 능력을 발달시키고 소위 이성의 활동을 무기로 점차 과학기술문명을 발전시켜 나간다. 생물학적 신체조건의 충실성에 따른 자기중심적 행동 기재는 점차 쇠퇴하면서도 오히려 그 이성의 능력은 인간에게 또 다른 의미의 자기중심적 경향을 띠도록 이끌게 된다. 인간은 단순한 의미의 이기적 성향을 넘어서,

이 세계에서의 중심으로서 자신의 위치를 파악하고 인간 중심의 관점과 지향으로 점차 세계를 변화시켜 나가게 된 것이다. 인간의 이러한 성향이 극대화된 근대 산업혁명 시기, 그리스도교의 가르침 가운데 가장 대두된 것 중 하나가 바로 '하나님 형상'에 대한 개념이다.

인간은 스스로를 '하나님 형상'따라 창조된 존재라 이해한다. 이는 창세기의 의미에서 볼 때, 말 그대로 자연과 강자의 틈바구니에서 생존과 회복을 꿈꾸는 이들의 마지막 보루와도 같은 신앙고백이다. 이는 한편으로 자연과의 투쟁에서 유일하게 '하나님의 형상'에 따라 창조된 존재로서 인간의 특별한 위치에 대한 재확인이다. 즉 오랜 시간 동안 경험한 자연의 힘과 권능 앞에 무기력해진 인간이지만, 결국은 그 자연을 정복하고 지배하여 신이 창조한 세계의 중심자일 수밖에 없다는 자각 말이다. 따라서 창세기의 선언, "'생육하고 번성하여 땅에 충만하여라. 땅을 정복하여라. 바다의 고기와 공중의 새와 땅 위에서 살아 움직이는 모든 생물을 다스려라' 하셨다"는 결국, 이러한 인간의 자연에 대한 특별한 지위, 우위적 자각일 따름이다. 이러한 창세기의 선언은 당시 인류, 특별히 자연과 인간사회에서 약자의 위치에 놓여 있던 이스라엘의 생존과 회복에 관한 희망의 약속으로 이해할 수 있다. 따라서 이 선언에 새로운 의미를 부여하는 것은 무리가 있다. 오직 당시 그 선언을 희망하던 이들의 자연적, 사회적 상황이 투영된 것으로 이해해야 한다. 물론 다른 한편, 이 선언은 오직 인간에게만 유효한 것으로서 모든 인류가 신의 창조물로서 평등한 존재라는 인권 선언의 의미도 갖는다. 이것은 당연히 당시 영토와 국가를 잃은 포로였던 이스라엘의 현재 상황 인식과 회복에 대한 미래의 희망이 담겨있는 선언으로 이해할 수 있다. 하지만, 이러한 천부 인권 인식 안에 인간을 제외한 자연세계는 포함되지 않는다는 사실을 부정할 수는 없다.

'하나님의 형상을 따라 창조된 특별한 존재인 인간' 그리고 그 인간이 '신으로부터 건네받은 세계에 대한 지배권'은 따라서 언제나 쌍을 이루어 왔다. 인류가 발전하고 팽창해 나갈수록 이러한 '하나님 형상' 이해는 점차 오히려 힘과 권력을 가진 특정 계층, 인종 등에 국한해 적용되어갔다. 이성이 빛나고 문명이 꽃을 피우던 시기일수록 '하나님 형상'에 대한 인간의 자기 이해는 인간의 자기중심성을 더욱 강화해주는 방향으로 작용한 것이다. 성서의 선언에 기대어 문화적 다양성에 대한 획일화를 강요하고, 성별, 성적 지향/정체성, 인종, 계급 등의 기준에 따른 차별과 억압을 강화하기도 했다. 그뿐만 아니라 자연에 대한 인간의 착취와 폭주를 정당화해주는 가장 확실한 근거가 되기도 했다.

오랫동안 그리스도교 신학은 '하나님 형상'을 인간이 그 자연적 본성 안에 담고 있는 기능적, 형태적 특성, 혹은 상태로 보았다. 이러한 이해가 가능했던 이유는 '하나님 형상'에서 형상에 해당하는 히브리어 단어 '젤렘'zelem과 '데뭇'd'mut에서 찾을 수 있다. 먼저 '젤렘'은 당시 특별히 '신상'의 의미로 주요 사용되었으며, '데뭇'는 '유사함'을 의미한다. 하지만 여기서 슈미트W.H.Schmidt 등의 학자들은 두 단어 사이의 특별한 구별이 무의미하다고 보고, 오히려 '데

'밑'유사함은 '젤렘'신상의 외형에 종이를 데고 본떠 '유사한 그림을 만든다'는 것을 의미한다고 보았다. 이는 신상에 부조를 떠서 그 모양을 그대로 표현하는 판화를 떠올리게 한다. 이러한 의미의 '형상'은 결국 두 가지 해석으로 나뉘는데, 하나는 당시 왕이나 지배자가 자신의 모습을 부조로 제작하고 자신의 지배권을 표시하기 위해 수많은 판화나 동전에 그 '형상'을 새긴 것과 같은 의미라는 것이고, 또 다른 하나는 그 왕의 형상을 받아 왕의 지배권을 대리한다는 의미를 갖는다는 것이다. 이러한 해석은 모두 결국 자연에 대한 인간의 지배와 착취를 정당화해주는 근거가 되었다. 이뿐만 아니라 때때로는 인간이 신의 신체적 모습과 같은, 혹은 유사한 형태로 창조되었다는 '신인동형론적' 해석 또한 있었다. 이러한 해석보다는 좀 더 발전된 것으로 토마스 아퀴나스 등은 '인간의 이성적 인식 능력'을 하나님의 형상으로 보았으며, 이러한 해석을 통해 이성의 신적 성격을 부여하기도 했다. 하지만, 이러한 해석은 결국 당시 이성적 존재로 여겨질 수 있었던, 일부 계층과 남성에게만 적용되는 한계를 드러냈다.

물론 근대 이후, 하나님 형상에 대한 새로운 이해를 추구하는 노력이 있었지만, 이 땅의 많은 그리스도의 일상적 의식 안에는 여전히 저 근대 이전의 이해가 팽배한 것이 사실이다. 여전히, 대다수의 사람들은 저 근대적 이해에 머물러 인간의 편의에 따라 과학기술을 이용해 자연을 개발하고 가공함으로써, 현재의 위기를 극복하고 다시 발전할 수 있다고 믿고 있다. 또한 여전히 사회적 약자와 소수자들을 그 하나님 형상으로부터 배제하고 정죄와 차별이 당연하다고 가르치며 주장하기도 한다. 이러한 인식이 가능한 이유는 과연 무엇일까?

4. 생물다양성과 '하나님 형상' : '무지無知로부터의 희망'

'하나님의 형상'은 결코 인간의 완벽했던 상태, 혹은 형태가 아니다. 만약 그렇게 이해할 경우, 우리는 다시금 스스로가 신이 된 인간을 맞이하고 그의 폭주로 인한 비극을 경험하게 될 것이다. 만약 우리가 '하나님의 형상'을 인간에게만 주어진 특권, 혹은 이 자연에 대한 지배권으로 여전히 이해한다면, 우리는 정말로 인류의 종말을 우리 시대에 경험하게 될 것이다.

하나님 형상의 의미에 대한 이러한 왜곡되고 자기중심적인 이해는 인류가 폭발적으로 번성하고 자신의 영역을 확장해나가던 근대 산업화 시기에 비로소 극에 다다르게 된다. 인류는 무차별적으로 지구환경을 개발의 목적으로 착취하고 황폐화했다. 그뿐 아니라, 그 이후에도 자본과 권력을 독점하고 있던 일부 지배계층과 특정 민족에게만 하나님의 형상을 적용하여 제국주의와 자본주의 확장의 이데올로기로 삼았다. 그리고 여전히, 많은 수의 그리스도인들은 여전히 근대의 그 하나님 형상 이해를 유지하고 타인과 약자, 그리고 지구환경에 대한 폭력과 착취, 차별의 근거로 삼고 있는 것이 우리의 현실이다. 이처럼 창세기의 이 성서 구절은 인류의 역사적 한계와 모순을 고스란히 담고 있다.

그렇다면 이 시대, 우리가 선택의 기로 앞에 서 있는 지금, '하나님 형상'을 어떻게 받아들여야 할까? 우리는 성서를 하나님의 진리를 담은 말씀으로 여전히 고백한다. 비록 성서의 문자와 그 맥락 안에 시대적 한계를 담은 모순이 가득하지만, 우리는 그 모순 가운데서 하나님의 뜻을 헤아릴 수 있기 때문이다. 그래서 우리는 성서를 여전히 하나님의 말씀으로 받아들이고 진리라고 고백한다. 우리는 이 구절 안의 모순 속에서 우리 자신의 모순을 직면한다. 마치 이스라엘이 자신의 선조라 여긴 이들의 이야기 속에 그들의 인간적 한계와 모순을 고스란히 담아낸 것처럼 말이다. 자신이 경험한 하나님을 이해할 때, 그들은 자신이 가진 한계와 모순의 눈으로 하나님을 그린 것이다.

성서가 고백하듯 이 세계를 창조한 후, 하나님은 만족했다. 인간뿐 아니라 모든 피조물에게 하나님은 축복하고 그 축복과 생명으로 가득한 피조세계를 바라보며 만족한 것이다. 인간이 자연에 대한 지배권으로 오해한 그 하나님 형상은 하나님 자신의 그 만족, 조화와 다양함을 통해 드러나는 평화의 뜻, 지향, 그리고 목적이다. 요한1서의 저자는 그 하나님의 형상이 우리 인간에게 실현되는 모습을 '하나님의 자녀'로 표현하고 있다. 요일3:2 이 세계를 창조하고 느꼈던 그 만족과 기쁨을 사랑이라는 이름으로 우리 인류에게 고스란히 심어준 창조의 목적과 의미, 그것이 바로 하나님의 형상이다.

인간의 육체적 미숙함과 결핍은 인간으로 하여금, 자기의 중심이 아닌 밖으로 눈을 돌리게 했다. 자기 자신을 밖에서 바라볼 수 있게 되고 인간은 비로소 자신의 밖에 존재하는 것들에 눈을 돌릴 수 있게 된 것이다. 인간의 세계는 불완전하지만 그만큼 가변적이고 확장적이다. 밖에서, 세계에서 자신을 돌아볼 수 있는 그 방식은 결국 인간의 눈을 신으로 돌리도록 한 것이다. 하지만, 어느 순간 인간은 스스로 이미 혹은 어느 순간 완성된 존재로 보기 시작하면서, 다시 자신의 중심으로 빠져들고 말았다. 인간은 이미 자신을 하나님 형상으로 이해한 것이다. 자연과 타자의 우위에 세우도록 만든, 그 자기중심적 자기 이해는 결국 이 지구라는 섬 위에 인간 홀로 서서 외롭게 종말을 맞이하도록 부추기고 있는 것이다.

생물다양성에 관한 논의는 이제 다시 인간이 밖으로 눈을 돌리도록 돕고 있다. 인간의 자기중심적 편의와 그 목적에 따라 획일화되고 단순화되는 세계와 자연에 다시 상호보완적인 관계망을 재구축하라는 시대의 명령이라 할 수 있다. 인간을 괴롭히는 모기를 퇴치하기 위한 무수히 많은 시도들이 결국 다시 인간에게 독이 되어 돌아올 것이라는 사실을 알기까지 그리 오랜 시간이 걸리지 않았다. 인간만 번성하고 생육하기 위해 자연을 상대로 벌였던 살육이, 인간만 편리하고 안전하게 생존하고자 생산했던 무수히 많은 문명의 이기들이 결국 이제 기후 위기와 전염병이라는 칼날이 되어 인류의 목을 겨누고 있다는 사실은 이미 우리의 현재가 되었다.

이제, 우리는 선택의 기로 앞에 서 있다. 이미 스스로 하나님의 형상인 것처럼 착각하며 악마의 속성을 안고 살 것인가, 아니면 하나님의 형상을 완성하기 위해 우리 안의 그 악마와 투쟁할 것인가의 기로 앞에 서 있다. 인류 홀로 자족하며 존재하지 않는 미래를 꿈꾸며 살 것인가, 아니면 이 다양한 지구 세계의 모든 생명이 생육하고 번성하도록 도와 창조주의 만족과 기쁨을 드러내며 살 것인가의 선택 앞에 놓여 있다. 그리고 나와 우리만을 위해 멸종과 공멸의 길로 갈 것인가, 아니면 가던 길을 멈추고 그동안 당연시 여겼던 모든 삶의 방식에 의문을 품고 새로운 삶의 방식을 더불어 찾아 조화와 공존의 길로 갈 것인가의 선택을 지금 당장 해야한다. 끝을 향해 달려가는 이 세계의 고통 가운데, 다시 우리 모두가, 이 땅의 모든 생명이 형제자매임을 깨닫고 하나님의 새로운 창조를 위해 함께 협력하며 달려가는 시작점, 우리 앞에 놓여 있는 이 선택의 기로는 이제 그 시작점이 될 것이다. 하나님의 형상은 바로 창조주가 우리에게 드러낸 그 공존과 조화를 위한 삶의 시작점의 표징이지, 이 세계와 우리 자신에 대한 자명한 해답이 아니다. 그 하나님의 형상은 인류에게 주어진 단순한 관리자, 보존자의 역할이 아니라, 그 창조주가 느꼈던 창조의 만족과 기쁨을 향해 나아가도록 우리를 이끄는 추동 의지이며 그 방향성인 것이다. 따라서, 이제 우리는 완성된 하나님의 형상이 아니라, 하나님의 형상이 되어가는 존재여야 한다.

지금 이 땅에는 여전히 자신의 무지를 인정하지 않고 스스로 모두 아는 것처럼 말하고 행동하는 이들로 인해, 자연 생태계, 정치 생태계, 사회 생태계 그리고 교회 생태계가 파괴되고 무너지고 있다. 이제 이 세계는 더 이상 지속 가능할 것 같지 않고 저 예루살렘 성전처럼 돌 위에 돌 하나도 남기지 않고 깡 그리 무너져 내리고 있는 것이 현실이다. 이 자연, 인간사회 그리고 종교와 교회의 몰락과 멸망의 주범은 바로, 자신의 무지를 망각한 채, 스스로 자연에 대해, 타인에 대해, 하나님에 대해 모두 안다고 자부하는 인류의 자기중심적 모습이다. 만약 우리가 이러한 한계를 직시하고 인정하지 않으면, 우리의 미래는 오직 심판과 저주의 절망만이 남게 될 것이다. 그렇다면, 우리는 과연 이 몰락해가는 세계 가운데 어떤 희망을 품을 수 있을까? 그것은 역설적이게도 바로 우리의 무지에 있을지도 모른다. 아니, 더 정확히 말해, 우리 자신의 무지를 인정하고 깨닫는 것에 있을지도 모른다. 다시 말해, 인류의 생물다양성에 대한 자각이 자연에 대한 무지를 인정하는 것에서부터 출발했듯이, 어쩌면 우리와 이 세계의 희망 또한 우리 자신의 무지를 인정하고 고백하는 것에서 비로소 시작할지도 모른다는 말이다. 우리 자신의 무지에 대한 인정과 깨달음은 오히려 지금 우리에게 이 비극의 현실을 분명히 드러내 주는 하나님의 지혜, 하나님 의의 목소리로 메아리칠 것이다. 그래서 우리는 우리 자신이 무지하다는 사실 하나는 확실히 앎에 다시 희망을 꿈꿀 수 있다.

생명다양성 위기 시대를 건너는 공생의 기독교교육

이은경 • 감리교신학대학교 객원교수

질병 시대^{Anno Disease}의 도래

2020년은 '코로나19'라는 이름이 붙은 전대미문의 전염병과 함께 시작되었다. 그리고 그 덕분에 우리는 올해 이제까지 볼 수 없었던 맑은 하늘을 맘껏 누렸다. 이런 멋진 하늘을 볼 수 있는 까닭이 코로나19로 인해 인간들의 활동이 줄어든 것이라는 게 참으로 아이러니하다. 그동안 우리가 생산적이고, 필요한 일이라 여겼던 것들이 꼭 그런 것은 아니며, 이제껏 일상에서 누렸던 것들도 그저 주어지는 것이 아니었을 뿐만 아니라, 결코 소소하지도 않다는 것을 새삼 알아가고 있다.

여전히 전세계적으로 코로나19가 기승을 부리는 가운데, 우리는 뉴노멀 new-normal의 삶을 살아가고 있다. 그래서 많은 이들이 이제 세상은 코로나 이전과 이후, 즉 'Before Corona'와 'After Corona'로 나뉠 것이라고 하면서 다시 코로나 이전의 일상으로 돌아갈 수는 없을 것이라고 말한다. 또 누군가는 앞으로 우리는 After Corona가 아니라, 'With Corona', 다시 말해 코로나와 함께 살아가는 법을 익혀야 한다고 말한다. 왜냐하면, 오늘날 우리는 Anno Disease, 즉 '질병의 시대'에 들어섰기 때문이다. 이전과 비교해서 전염병이 많이 늘고 있으며, 그중에서도 특히 인수공통감염병의 비중이 점점 높아지고 있다.

영국의 의학 전문지 『랜싯*Lanset*』의 2019년도 연례보고서에 따르면, 최근 10년 사이에 말라리아나 뎅기열과 같이 모기로 인한 질병의 피해가 꾸준히 증가했다. 이것은 기온과 해수 온도, 대기 중의 습도 등이 상승하면서 모기가 서식하기에 매우 좋은 환경이 조성되었고, 그로 인해 모기 서식지가 점점 확대되면서 전염병도 함께 확산되고 있기 때문이다. 아프리카, 동남아시아 등에서 시작된 질병이 이제는 대륙을 넘어 아메리카, 아시아, 유럽 등지에서도 발견할 수 있게 된 것이다.

그리고 1968년 홍콩 독감, 2009년 신종 인플루엔자에 이어 세 번째 팬데믹 pandemic 판정을 받은 '코로나19'가 우리나라를 비롯하여 전세계에서 여전히 확산되고 있다. 코로나19는 '인수공통감염병zoonosis'으로, 사람과 동물 사이에서 상호 전파되는 바이러스에 의한 전염성 질병이다. 인간과 동물이 함께 걸릴 수 있는 질병이라는 말이다. 그러나 엄밀한 의미에서 코로나19는 '종간 감염spillover'이라고 할 수 있다. 동물에게 있던 바이러스가 우연히 인간에게 건너가 일으키는 감염증이 바로 종간 감염이기 때문이다. 헨드라 바이러스, 니파 바이러스, 마르부르크 바이러스, 그리고 익히 우리가 잘 알고 있는 사스 바이러스, HIV, 에볼라 바이러스, 메르스 바이러스, 코로나 바이러스 등이 여기에 해당한다. 그리고 종간 감염의 70%는 가축이 아닌 야생동물로부터 전염이 일어난 것이며, 코로나19는 박쥐에서 인간에게로 바이러스가 전염된 것으로 알려져 있다.

인수공통감염병의 증가 원인은 결국 도시화, 세계화, 기후변화

그렇다면, 오늘날 도대체 왜 이렇게 인수공통감염병이 늘어나고 있을까? 그 원인은 바로 도시화, 세계화 그리고 기후변화 때문이다. 올여름 역대급 폭우로 인해 전국에서 비 피해가 속출하는 가운데 SNS상에서는 "이 비의 이름은 장마가 아니라, 기후위기입니다"라는 해시태그#가 확산되었다.

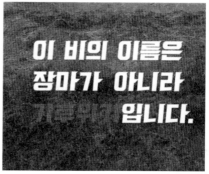

도시화, 세계화로 인한 개발이 급속하게 이루어지면서 생태계가 파괴되고, 기후변화로 인해 이상기후가 빈번히 발생하면서 서식지를 잃어버린 야생동물들이 위험을 무릅쓰고 먹이를 찾아 인간세계로 진입하고 있다. 야생동물들이 인간이 사는 거주지나 인간과의 접촉이 가능한 인근 지역으로 점점 더 가까이 내려오면서, 이를 통해 야생동물의 바이러스가 인간에게로 전염될 가능성이 늘어난 것이다. 또한 야생동물을 판매하는 '야생동물시장wet market'을

통해서도 종간 감염이 발생할 가능성이 매우 높다. 감염병 전문가들은 야생동물시장이 종간 감염이 발생할 수 있는 최적의 장소라고 말하고 있으며, 코로나19도 중국 우한의 야생동물시장에서부터 시작된 것으로 추정되고 있다.

이런 이유로 인해, 유엔 '생물다양성협약CBD, Convention on Biological Diversity' 의장인 엘리자베스 마루마 음레마는 지난 4월 8일, 영국의 일간지 〈가디언〉과의 인터뷰에서 "코로나19 바이러스의 진원지로 추정되는 '야생동물시장'에서 살아있는 동물의 거래를 금지해야 한다"고 주장했으며, 세계적인 동물보호단체인 '휴메인 소사이어티 인터내셔널HSI, Humane Society International'도 4월 7일에 "야생동물 시장을 폐쇄하라"는 서한을 각국 정부에 보내기도 했다.[18]

또한 세계화, 글로벌화가 진전되면서 국가 간에 화물 이동도 빈번해지고, 빨라졌을 뿐만 아니라, 해외여행이 급증한 것 역시 '코로나19'와 같은 전염병을 전세계적으로 빠르게 확산시키는 기폭제 역할을 했다고 할 수 있다.

기후변화로 인한 우리나라의 생태계 변화

또한 기후변화의 영향으로 지구가 점점 뜨거워지고 있다. 일반적으로 기온이 1℃ 상승하면, 북반구 기후대는 100~150km 가량 북쪽으로 이동한다고 한다. 이로 인해 우리나라에서도 아열대 기후대가 점점 더 넓어지고 있다. '온난화대응농업연구소'는 2080년이 되면, 우리나라 국토의 62.3%가 아열대 기

---

18) "'코로나 시대'에 야생동물 시장이 왜 위험할까요?" (한겨레 2020년 4월 9일자)
http://www.hani.co.kr/arti/animalpeople/ecology_evolution/936299.html

후로 바뀔 것으로 전망했으며, 이에 따라 아열대 작물의 재배면적도 해마다 증가하고 있다.〈그림1〉참조

〈그림 1〉점점 넓어지는 아열대 기후대 단위: %

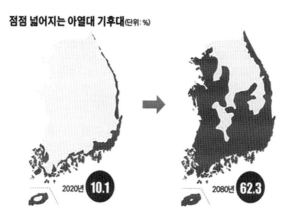

출처: 온난화대응농업연구소2017

올해 7월 28일, 정부는 환경부와 기상청이 공동연구한 내용을 중심으로 「한국 기후변화 평가보고서 2020」을 발간했다. 이 보고서 내용중 '기후변화의 과학적 근거'에 따르면, 최근 우리나라의 기온과 강수 변동성이 전지구적 기후변화로부터 직접적인 영향을 받고 있으며, 전지구의 평균 지표온도가 1880~2012년 사이에 0.85℃ 상승한 반면, 우리나라의 경우에는 1912~2017년 사이에 약 1.8℃ 상승한 것으로 나타났다.

보고서의 결과를 통해 알 수 있듯이, 우리나라에서 아열대 작물 재배가 증가하는데 가장 큰 영향을 준 것은 기후변화, 특히 기후 온난화이다. 온난화로 인한 기후 변화가 우리나라의 생태계 분포와 종, 재배작물, 그리고 질병발생

에 이르기까지 사회 전 부문에 영향을 미치고 있으며, 이전에는 우리나라에서 볼 수 없었던 새로운 해충들도 등장하고 있다. 이 해충들은 원래 아열대 지역에서 살던 것들로, 북방 한계선을 넘어 우리나라에 들어온 외래종이다.

또한 우리나라의 기후가 점점 아열대로 바뀌어 가면서 전통적인 과일 생산 지역이 바뀌고 있으며, 서해와 남해에서 주로 잡히는 어종도 크게 달라지고 있다. 예를 들면, 고등어, 멸치, 대형 해파리 떼, 초대형 가오리 등 따뜻한 남쪽 바다의 물고기와 바다 생물들이 증가하고 있다. 이러한 변화는 우리나라 고유 생태계에 지속적으로 부정적 영향을 미치게 될 것으로 예상된다.

〈그림 2〉 주요 농작물 주산지 이동 지도 1973~2017년

출처: http://www.hani.co.kr/arti/PRINT/839943.html

우리나라 주요 과일의 주산지도 〈그림 2〉에 나타난 것처럼, 북쪽으로 상당히 이동했다. 경상북도 영천이 주산지였던 사과는 이제 강원도 정선, 양구에서도 재배가 가능해졌다. 주로 제주도에서 재배되던 감귤은 이제 남해안 지역뿐만 아니라, 경상북도 칠곡, 영덕에서도 재배 가능하게 되었다. 앞으로는 '제주 감귤'이 아니라, '강원 감귤'을 더 많이 먹게 될 수도 있다. 그래서 환경부는 앞으로 100년 안에 우리나라 대부분 지역에서 감귤을 재배할 수 있게 될 것으로 전망하기도 했다.

기후변화로 인한 생물다양성의 위기

앞서 살펴본 것처럼, 기후온난화로 인해 우리나라에서뿐 아니라, 전지구적으로 기후대가 점차 북쪽으로 옮겨가고 있으며, 그 속도도 점점 빨라지고 있다. 이러다가 기후대의 이동 속도가 생태계의 이동 속도를 앞지르게 되면, 어떻게 될까? 그것은 곧 멸종으로 이어질 것이다. 급작스러운 기후변화로 생육환경은 바뀌었지만, 인간을 포함한 생태계 모든 동식물들은 변화된 환경에 그렇게 빨리 적응할 수 없기 때문이다. 예를 들면, 기온이 따뜻해지면서 꽃의 개화 시기는 이전보다 빨라졌는데, 아직 나비나 벌이 부화하지 않았을 경우 꽃은 씨를 맺지 못하게 될 것이다. 이렇게 각각의 종들이 기후변화에 다르게 반응하면서 종간 생물계절이 어긋나기 시작하면, 종간 상호작용이 교란되고, 이들 사이의 영양 관계도 무너지면서 생물 개체군이 서서히 줄어들다가 결국에는 멸종에 이르게 될 것이다. 이동이 불가능한 식물의 경우에는 더욱 심각한 지경에 이를 것이다. 이미 많은 동식물이 사라졌고, 지금도 계속해서 사라지고 있는 중이다.

'생물다양성 과학기구Ipbes, the Intergovernmental Science-Policy Platform on Biodiversity and Ecosystem Services'의 2019년도 '생물다양성 및 생태계 서비스에 대한 글로벌 평가보고서Global Assessment Report on Biodiversity and Ecosystem Services'에 따르면, 기후변화로 인해 1백만 종이 멸종위기에 처했으며, 야생 포유류의 80%가 이미 사라졌다. 또한 곤충의 40%가 멸종위기에 있으며, 곤충 개체수는 매년 2.5%씩 감소하고 있다. 포유류나 조류보다 8배나 빠른 속도로 지구상에서 곤충들이 사라져가고 있는 상황이다.

강혜순에 따르면,[19] 기후변화는 생물다양성을 위협하는 요인들을 더 강화시키고 있으며, 이로 인해 유전과 종, 그리고 생태계 차원에 이르기까지 생물다양성에 대한 양성되먹임을 일으키고 있다. 또한 기온이 상승하면서 지역에 따라, 품종에 따라 생산량의 변동이 일어나고 있다. 이것은 식량 안보에 큰 타격을 줄 것이며, 생태계의 안정성을 위협할 뿐만 아니라, 인간의 건강에도 깊은 영향을 미친다. 많은 의약품의 원료를 자연에서 얻고 있기 때문이다. 해열제, 진통제로 사용될 뿐 아니라, 뇌졸중을 예방하는 아스피린의 원료는 버드나무 껍질에서 얻고, 항암제인 택솔의 원료는 주목나무 껍질에서 얻는다. 또한 개구리는 심장병, 화상치료제, 진통제, 항생제의 원료가 되기도 한다. 뿐만 아니라 모기를 먹고사는 개구리가 감소하면, 모기가 더욱 기승을 부리

---

19) 강혜순, "인간생태학의 필수 요소인 생물다양성의 보전", 「인간연구」, 30(2015), 87-108.

게 되고, 이것은 피부병 환자의 증가로 이어질 것이다.20) 이미 양서류의 32%가 멸종 위기에 있으며, 의약품의 원료 대부분을 자연에서 얻고 있는 상황에서 만일 개구리가 사라진다면, 인간의 생존뿐 아니라, 사회의 안정마저도 위협받게 될 것이다.

기후변화는 인간의 복지와 정신건강에도 직접적인 영향을 미치고 있다. 폭염, 홍수 등 극단적 기상환경에 노출된 사람들 중 1/4은 소위 '기후 트라우마'라 불리는 외상후 스트레스 장애에 시달린다고 한다. 현재 코로나19로 인한 '코로나 블루'도 여기에 해당한다. 이뿐만 아니라 기후 우울증, 기분 장애, 불안 장애가 나타나고, 치매가 발병할 가능성이 높으며, 폭력과 자살률 또한 늘어난다고 한다. 심지어 극심한 폭우나 폭염 등의 이상기후는 아동에게 '영양부족nutritional deficiency' 현상을 초래하며, 이후 신체적 건강에 영향을 줄뿐 아니라, 평생토록 지속적인 영향을 미친다고 한다. 예를 들면, 어린 시절에 이러한 이상기후를 경험한 아동은 '만성적 영양부족'으로 인해 질병에 걸릴 확률이 높고, 인지능력이 떨어지며, 이로 인해 20~60년 후 임금에서도 차이를 드러낸다고 한다.21)

이처럼 기후변화가 인간의 삶 전반에 걸쳐 얼마나 심각한영향을 끼칠 수 있는지를 그림으로 표현하면 다음과 같다.〈그림 3〉 참조. 22) 지금 당장 기후변화를 멈추지 않는다면, 인간 뿐 아니라 전체 생태계가 위험에 빠지는 것은 자

---

20) 김추령, 『오늘의 지구를 말씀드리겠습니다』(서울:양철북, 2012), 177-178.
21) 데이비드 월러스-웰즈, 『2050 거주불능 지구: 한계치를 넘어 종말로 치닫는 21세기 기후재난 시나리오』, 김재경 역 (서울:추수밭, 2020), 203.
22) 데이비드 월러스-웰즈, 위의 책, 142.

〈그림 3〉 기후변화가 일으킬 인간 복지의 저하

출처: WHO, 2016.

명한 일이다. 그래서 데이비드 월러스-웰즈David Wallace-Wells는 『2050 거주불
능 지구: 한계치를 넘어 종말로 치닫는 21세기 기후재난 시나리오』에서 오늘
날의 급격한 기후변화에 직면한 지구를 "붙잡지 않으면 멈추지 않을 '전쟁 기
계'", "성난 야수"라고 말하면서, 기후변화야말로 진정한 의미에서 전지구적
이고 국제적인 협력을 요구하는 위험 요소라고 말한다. 제레드 다이아몬드도
앞으로 세계가 해결해야 할 과제 중 하나로 '기후 변화'를 꼽고 있다.[23]

---

23) 제레드 다이아몬드, 『대변동: 위기, 선택, 변화』, 강주헌 역 (파주: 김영사, 2019).

기후 위기 시대의 정의와 성서적 근거

기후변화의 주범으로 인간이 등장하면서, 파울 크뤼천이 우리 시대를 '홀로세'가 아닌 '인류세'로 부르기 시작한 지도 벌써 20년이 지났다. 이러한 기후 위기, 전염병의 위기 그리고 이로 인한 경제 위기의 공통분모는 모두 인간이다. 이것은 '인류세'라는 개념이 멸종, 균열, 파국 등의 '위기 담론' 속에서 태어나고 발전했음을 그대로 보여주고 있으며,24) 월러스-웰즈도 '인류세'라는 용어 안에 이미 '인간이 자연을 정복했다', '인간이 땅을 차지했다'는 인간 책임의 의미가 들어있음을 지적하고 있다.

그러므로 이러한 위기 시대의 정의는 인간과 자연을 철저하게 나누는 이원론적 세계관을 넘어서 인간을 위한 정의뿐만 아니라, 창조 세계의 온전함을 회복하는 정의가 함께 이루어져야 한다. 한 마디로, 모든 정의가 인간중심적인 "주인-노예의 윤리"25)가 아닌, '생명'을 중심으로 다시 정립되어야 하며, 인간 중심에서 '지구 의식적plant-conscious'으로 바뀌어야 한다는 것이다. 그러므로 기후 위기 시대에 우리에게 요구되는 것은 우선, 성실하고 겸손한 자세로 '우리가 곧 자연'이라고 생각하는 것이다. 우리 인간은 오늘날 전지구적으로 생태계를 위기에 빠뜨린 장본인이다. 그러나 동시에 창조 세계를 보전해야 할 책임을 맡은 존재이기도 하다. 그러므로 그동안 우리가 당연하게 누려왔

---

24) 박범순, "인류세 시대, 전염병을 어떻게 볼 것인가?", 「에피」, 12(2020), 294.

25) 래리 라스무쎈, 『지구를 공경하는 신앙: 문명전환을 위한 종교윤리』, 한성수 역 (고양: 생태문명연구소, 2017), 203.

던 것 중에서 문제가 될 것들이 있다면, 그것들을 과감히 내려놓을 수 있어야 할 것이다.

토머스 홉스의 '사회계약설'에 따르면, 만인에 대한 만인의 투쟁으로 인류가 절멸하는 것을 방지하기 위해 인간은 사회적 계약을 맺었다. 그러나 오늘날 우리는 팬데믹 상황에서 바이러스와의 전쟁에서 승리하기 위해 그동안 익숙했던 사회적 계약을 파기했다. 코로나 바이러스의 확산을 막기 위해 거의 반년 이상 '타인과 어울리기'를 스스로 중단했고, 자발적으로 '사회적 거리두기'를 하면서 '뉴노멀', '언택트untact' 혹은 '온택트ontact'라는 새로운 사회계약을 만들어가고 있는 중이다.

이러한 새로운 사회적 계약 안에서 자연과의 공생을 위한 성서적 근거를 우리는 창세기에서 찾을 수 있다. 창세기 1장 26절에서 인간이 부여받은 *Imago Dei*, 즉 '하나님의 형상'은 '모든 피조물을 지배하라'는 명령으로 이어졌고, 이후 28절에서 '땅에 충만하라', '땅을 정복하라' 그리고 '모든 생물을 다스리라'는 명령을 통해 인간은 자연세계를 다스리는 지배자의 '권리'를 얻게 되었다. 처음에 이 권리는 자연을 우리 마음대로 착취하고, 파괴할 수 있는 권리로 여겨졌다. 하지만 이후 인간을 청지기의 소명을 지닌 '책임적 존재'로 인식하게 되면서 오늘날에는 창세기 2장 15절, "주 하나님이 사람을 데려다가 에덴 동산에 두시고, 그곳을 맡아서 돌보게 하셨다"표준새번역라는 말씀에 근거하여 자연과 인간은 함께 살아가야 할 '공생적 존재'로 인식하게 되었다. 〈그림 4〉 참조

〈그림 4〉 인간에 대한 성서적 이해의 변화

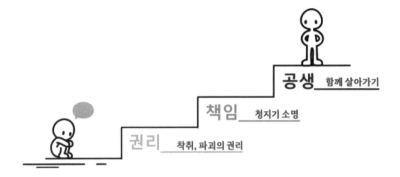

공생_함께 살아가기

책임_청지기 소명

권리_착취, 파괴의 권리

기후 위기 시대 교회의 역할 −공생의 기독교교육[26]

그렇다면, 이러한 성서적 이해에 근거하여 기후 위기 시대를 사는 교회의
역할은 무엇일까? 무엇을 해야 할까? 그것은 교육을 통해 신실한 그리스도인
이면서 동시에 건전한 사회의 일원이 될 수 있도록 그리스도인을 '사회적으로
책임있는 주체'로 양육하는 것이다. 그리고 이것은 '공생의 기독교교육'을 통
해 이룰 수 있을 것이다.

안타깝게도 그동안 우리는 교회에서 생태 문제를 종교적 관점에서 다루는
교육을 거의 받지 못했다. 또한 신앙교육마저도 사회의 핵심 문제들을 인식
하고, 그에 대한 대안을 추구하며, 현실에서는 불가능하지만, 그럼에도 불구
하고 '늑대와 어린 양이 함께 뛰노는 하나님 나라'이사야 11:6-8, 즉 '공생공동체'

---

26) 이후의 내용은 필자의 논문 "공생을 위한 학교종교교육의 패러다임 연구: 공생의
눈으로 종교적 이야기 다시 읽기", 「신학과 실천」, 71(2020), 553−578의 일부를 수정
보완한 것이다.

를 꿈꾸는 대신에 오히려 무한경쟁과 승자독식의 사회구조에 굴복하고 말았다. 경쟁사회에서 살아남는 자가 바로 '내'가 되기를 바라면서 기도하는 이기적인 습성을 강화하고, 기복적이고 근본주의적인 신앙인을 양산해 왔다. 그리고 권위에 대해서는 무조건 맹종하고, 교회와 세상의 관계에서는 선과 악, 주인과 노예라는 철저한 이분법적 태도를 견지해 왔다. 이러한 성향은 종교가 시대에 맞서 건설적이고, 비판적인 또는 생산적인 대안을 제시하기보다는 시대의 조건에 순응하거나 철저히 외면한 결과이다.

교회가 이렇게 비민주적, 비생태적 방식으로 나아가는 동안, 오히려 사회에서는 생태에 대한 감수성이 높아졌다. 이제는 신앙공동체 안에서도 개 교회의 부흥을 위해서가 아니라, 종교가 감당해야 할 문명적 역할, 즉 사회의 다양한 집단들이 서로 협동하도록 엮으면서, '공생의 공동체'로 나아갈 수 있는 의미 담론을 창출하고, 전달하는 역할을 회복해야 할 것이다.

물론 공생 자체는 선도 악도 아니다. 생물학자인 에드워드 윌슨Edward Wilson은 공생에는 해로운 기생관계도 존재하고 서로 상리공생하는 관계도 존재한다고 하면서, '어떤 공생관계를 구성해 나아갈 것이냐'의 문제는 미래를 상상하고 계획하고 대안들에 따라 결정하는 인간의 의식적 능력에 달려 있다고 말한다. 윌슨은 계속해서 우리 시대 종교의 역할이 도착된 것에 대해서도 날카롭게 비판한다. 본래 종교는 과학의 시대가 도래하기 전, 사람들에게 "주변에서 일어나는 현상들 대부분을 설명"했을 뿐만 아니라, 세계의 의미, 인간 존재와 실존의 의미를 제공하고, 이 의미론적 설명을 통해 그들이 살아가는 세계를 구성해 주었다. 또한 예배를 통해 종교는 인간 삶의 과정에 의미를 제공하고, 사람들에게 도래한 비극과 참사, 예를 들어 폭력, 전쟁, 기아, 최악의 자연재해, 이상기후 등과 같은 일들을 의미론적으로 설명하는 역할을 감당했다. 다시 말해, 종교공동체는 사람들에게 집단에 대한 소속감을 통해 '정서적 안정'을 주었을 뿐만 아니라, '유대관계'에 있어서도 긍정적 역할을 감당해 왔다. 그래서 윌슨은 인간의 뇌가 "종교를 위해" 만들어졌다고까지 표현했다. 만일 인류의 어떤 부족이 종교의 창조 이야기를 통해 자신들의 존재에 대해 설명하지 못했다면, 그 부족은 살아남을 수 없었을 것이기 때문이다. 그리고 종교적 믿음이 약화되거나 상실된 사회는 "헌신의 출혈, 즉 공동체 대의의 약화 및 해체"라는 대가를 치르게 된다는 것이다.[27]

이것은 오늘날 심각한 기후 위기에 직면해서 왜 교회가 신앙교육의 영역에서 이 문제를 다루어야 하는지, 그리고 교회의 역할이 무엇인지에 대해 다시금 생각하게 한다. 그러므로 그동안 적자생존, 무한경쟁, 승자독식의 구조를 지탱해온 인간의 '욕망', '부', '소유'를 신앙의 눈으로, 공생의 눈으로 다시 읽어볼 필요가 있다.

성서적 세계관, 윤리관에 근거하여 공생의 기독교교육은 먼저, 인간의 이기적인 욕망을 제한해야 한다고 말한다. 오늘날 과학기술의 발달은 기후변화로 인한 영향으로부터 인간을 보호하는 데 도움을 주었다. 하지만, 바로 그 기술 때문에 기후변화를 가속화시키는 딜레마에 빠지기도 한다. 예를 들면, 지구온난화로 인한 폭염이 계속되면, 특히 가난한 나라에서는 생산성이 떨어지

---

27) 에드워드 윌슨, 『인간 존재의 의미: 지속 가능한 자유와 책임을 위하여』, 이한음 역 (서울: 사이언스북스, 2016), 167–171.

고, 사망률은 크게 상승한다. 만일 이 나라들에 에어컨이 충분히 보급된다면, 생산성도 증가할 것이고, 사망률도 낮아질 것이다. 그러나 에어컨에 사용되는 '수소화불화탄소'는 지구온난화의 주범인 이산화탄소보다도 훨씬 더 강력한 온실가스이다. 이런 상황에서 우리는 에어컨을 더 많이, 더 싸게 만들어 폭염에 시달리는 현재의 인류를 구할 것인가, 아니면 에어컨 사용을 줄여서 온실가스를 줄임으로써 환경을 보존하고, 미래의 인류를 구할 것인가와 같은 딜레마에 빠지게 된다. 이처럼 자연과학의 발전은 우리의 생존에 도움을 주기도 하지만, 또한 생존을 위협하는 양날의 검이다. 그렇다고 과학기술에게 모든 책임을 전가할 수는 없다. 과학기술의 발전 자체는 생태계 파괴의 직접적인 원인이 아니다. 오히려 인간의 남용과 지나친 욕심으로 인해 생태계 위기가 도래했기 때문이다.[28]

인간의 가치는 자율이 아닌 의존성

다음으로 공생의 기독교교육은 생태적 삶의 가치관을 지향한다. 그러므로 생명 중심으로 자연에 대한 윤리관을 회복하고, 물질에 대한 가치관을 재정립함으로써, 부와 소유에 대한 인식을 바꿔야 한다.[29] 1970년부터 헬무트 골비처Helmut Gollwitzer는 이미 인간의 의식까지도 통제하면서 자연을 무자비하게

---

28) 아비지트 배너지 & 에스테르 뒤플로, 『힘든 시대를 위한 좋은 경제학』, 김승진 역 (서울: 생각의 힘, 2020).

29) 이은하, "생태계 위기의 성서적 조망과 회복을 위한 실천 방안에 관한 연구", 「생태유아교육연구」, 8(2009), 45-65.

착취하고, 이를 통해 한계 없는 생산과 소비를 부추겨온 자본주의와 자본주의적 생활방식에 대해 비판해 왔다. 그리고 오늘날 자본주의는 산업자본주의에서 소비자본주의, 금융자본주의를 거쳐 이제 기호자본주의로 진화했으며, 인간의 신체뿐 아니라 영혼과 정신까지 노동하도록 만들면서 인간의 의식을 통해서 자본을 생산해내고 있다.

그러므로 생태적인 삶을 지향하는 공생의 시작은 각자도생과 승자독식의 자본주의적 생활방식이 아닌 '사랑'과 '의존성'에서부터 시작할 수 있다. 아가페와 에로스의 이분법적 틀 안에 존재하지 않는 기독교의 사랑은 고난에 함께하는 'com-passion'으로서의 사랑으로, 일반적으로는 '긍휼'로 번역되지만, 이것으로는 그 본래 의미가 충분히 살아나지 않는다. 그래서 미국 드류대학교의 캐서린 켈러Catherine Keller는 이 사랑을 "타자의-고통에-함께하는-열정"으로서의 사랑이라고 말하고 있으며, 이것이 바로 공생을 가능케 하는 인간의 고유한 특성이다.

또한 그동안 근대는 인간의 가치를 '자율성autonomy'에 둠으로써, 의존성을 전근대적인 존재 양식으로 비하해 왔다. 그러나 이것은 오히려 근대적 인간 이해의 약점이다. 이에 대해 미국 유니온신학대학의 레리 라스무쎈Larry L. Rasmussen은 다음과 같이 말한다.

> 현대성의 유명한 전환, 즉 추상적이고 자연을 떠난 인간 주체를 모든 중요한 도덕적 지식과 사고의 장소로서 선택한 현대성의 유명한 전환은 매우 큰 잘못이다. 그리고 이제는, 인류의 기하급수

적인 증가와 누적된 권능 때문에, 그런 전환은 파괴적인 것이 되었다.[30]

인간의 자율성에 대한 과대평가와 맹신으로 인해 현대의 많은 파괴적 문제가 시작되었듯이, 의존성은 무조건적으로 극복해야 할 대상이 아니다. 오히려 의존성은 인간다움의 일부이다. 그리고 그리스도인에게 있어서 최고의 의존은 '하나님에 대한 의존'으로, 이것은 우리를 인정해 주는 근원적 존재에 대한 의존성이다. 하나님에 대한 이 절대적 의존성으로부터 우리는 낯선 이들을 돕고 때로는 도움을 받으며, 이들과 함께 살 수 있는 공생의 가능성을 갖게 되고, 인간과 자연이 연결되어 있다는 것을 인식하게 된다.

부와 소유에 대한 인식 전환

다음으로는 부와 소유에 대한 인식을 바꾸어야 한다. 영국의 철학자인 줄리언 바지니Julian Baggini는 『에고 트릭 *The Ego Trick*』2012에서 인간이 "점점 더 비협력적이고, 자아중심적 자아로 진화"하면서 낯섦에 대한 불안이 커졌고, 낯선 것을 통제하려는 욕망이 뒤따르게 되었다고 말한다. 그리고 이와 동시에 타자/자연과 관계 맺는 방법을 잊어버린 인간은 타자/자연과의 소통마저 빈곤해지면서 개인적이고, 지극히 사적인 부와 소유에 더욱 집착하게 되었다.

---

30) 래리 라스무쎈, 『지구를 공경하는 신앙: 문명전환을 위한 종교윤리』, 한성수 역 (고양: 생태문명연구소, 2017), 192.

이렇게 만들어진 개인적이고, 사적인 부는 "함께 나눌 수 없을 만큼 희소한 부"이며, "한 사회의 가장 힘없는 사람에게서 자유와 해방을 빼앗는 파괴적인 부"이다. 그래서 이반 일리치Ivan Illich는 『누가 나를 쓸모없게 만드는가』2014에서 이러한 부를 "가난하게 만드는 부impoverishing wealth"라고 부르면서 비판하고 있다.

이탈리아의 미디어 이론가인 프랑코 '비포' 베라르디Franco 'Bifo' Berardi도 『노동하는 영혼The Soul at Work』2009에서 부에 대해 이렇게 말한다. 부와 풍요로움은 '소유의 양'이 아니라, 시간이다. 즐기고, 여행하고, 배우고, 사랑하는 시간이다. 우리가 소비 수단을 얻고, 그것을 소유하는데 시간을 쓰면 쓸수록 세계와 자연을 누릴 수 있는 시간은 점점 더 줄어들기 때문이다. 그래서 베라르디는 부유한 사람이란, "많이 소유한 사람이 아니라, 누구나 손이 닿을 수 있는 자연과 인간의 협업이 이루어지는 공간을 충분히 즐길 수 있는 시간을 소유한 사람"이라고 하면서, 이러한 인식 전환을 통해 우리가 "만인의 삶을 가난하게 만들고 있는 경쟁의 환상으로부터 해방될 수 있다면, 자본주의의 토대들은 무너지기 시작할 것"[31]이라고 주장한다. 또한 이러한 인식의 전환을 통해 자본주의, 신자유주의가 창출하는 경쟁 위주의 삶으로부터 더불어 '공생'하는 삶으로의 전환이 가능할 것이다.

그러므로 교회는 생태적 기독교교육을 통해 삶의 방식과 부와 소비에 대한 인식을 바꾸고, 사회적 문제를 교회에 관한 사건으로 인식할 수 있도록 해

---

31) Franco "Bifo" Berardi, *The Soul at Work:From Alienation to Autonomy* (Los Angeles, CA:Semiotext(e)) 2009, 169.

야 한다. 물론 이를 통해 교회의 존재 이유와 교회의 역할을 찾으려는 노력을 소홀히 해서는 안 될 것이다. 기독교 신앙이 공적 영역으로 확대되지 못할 때, 종교적 이데올로기는 점점 더 강화될 것이고, 교회와 신앙공동체는 편협한 '자기 정당화'에 빠질 수 있기 때문이다. 그러므로 공생의 기독교교육을 통해 우리는 이웃과 함께 그리고 자연과 더불어 '공생'하는 삶의 가능성을 추구할 수 있을 것이다.

이러한 공생공동체를 만들기 위해 교회 안에서 할 수 있는 실천들에 대해 미로슬라브 볼프와 라이언 매커널리린츠Miroslav Volf & Ryan McAnnally-Linz는 다음의 여섯 가지를 우리에게 제안한다.[32]

첫째, 우리는 창조 세계의 자원들을 적절하게 사용하고, 낭비는 피하는 삶을 살아야 한다.
둘째, 우리는 자족하며 살아야 하고, 훨씬 더 많이 훨씬 더 새로운 상품들을 사고 싶은 압박을 거부해야 한다.
셋째, 우리의 행동이 큰 영향을 끼치든 말든 상관없이 나머지 창조 세계를 돌보는 일에 충실해야 한다.

이상 세 가지가 개인 차원의 실천덕목이라면, 다음 세 가지는 정부와 국가 차원에서 실천해야 할 일들이다.

---

32) 미로슬라브 볼프·라이언 매커널리린츠, 『행동하는 기독교: 어떻게 공적 신앙을 실천할 것인가』, 김명희 역 (서울: IVP, 2017), 77-79.

넷째, 정부는 개인과 사업체가 환경친화적 실천을 채택하고, 창조 세계에 심각하게 해를 입히는 행동은 하지 않도록 권해야 한다.

다섯째, 국가들은 기후변화와 세계의 다른 주요한 환경 문제를 없애는데 드는 경제적 비용을 공정하게 분배해야 한다.

여섯째, 무역 협정은 협정국들에게 환경에 영향을 미치는 책임을 물어야 한다.

볼프와 매커널리린츠가 개인 차원에서 요구되는 실천덕목으로 제안한 것을 한 마디로 하면, 창조 세계의 자원을 적절하게 사용하면서 낭비를 피하는 삶을 살기 위해 노력해야 한다는 것이다. 또한 자족하는 삶을 살며, 더 많이 더 새로운 상품을 사고 싶은 압박을 거부하는 것이다. 2019년 노벨경제학상을 수상한 부부인 아비지트 배너지와 에스테르 뒤플로Abhijit V. Banerjee & Esther Duflo는 『힘든 시대를 위한 좋은 경제학』2020에서 이것을 '습관 바꾸기'라고 부른다. 변화를 일으키기 위해서는 한편으로는 정상상태, 일상이라고 여겨져 왔던 것을 계속해서 끌고 가는 것에 저항하고, 다른 한편으로는 사회적으로 통용되고 있는 인습적 지혜를 의심하는 것부터 시작해야 하기 때문이다. 그러나 자본주의 사회에서 소비 혹은 낭비 습관을 바꾸는 것은 쉽지 않은 일이다. 소비는 마치 중독과 같아서, 해오던 대로 계속 하려는 습성이 강하고 또한 하던 대로 하는 게 제일 쉽기 때문이다. 그래서 이제까지 해오던 습관을 바꾸려면, 힘껏 노력도 해야 하지만 그에 따르는 비용도 지불해야 한다. 그러나 배너지와 뒤플로는 "일단 바꾸고 나면, 이후에 계속해서 그렇게 가는 것은 훨씬 수월하다"고 우리를 위로한다.

　그리고 우리는 혼자가 아니다. 우리에게는 세상에서 가장 낮은 자, 가장 가난한 자로 오신 예수를 따르는 공동체가 있으며, 우리 역시 그 공동체의 한 부분이다. 그래서 라스무쎈은 인식의 변화와 이러한 주요한 변화의 주도권은 "흔히 사회의 밑바닥이나 변두리에 있는 작은 공동체들로부터 나온다"고 말한다. 오늘날 생태적 전환을 시도하는 모든 교회들이야말로, 소비지상주의 사회에서 벗어난 '변두리 작은 공동체'라고 할 것이다. 그러므로 이 변두리 작은 교회들이 먼저 생태적, 공생적 기독교교육을 실시하고, 이를 통해 오늘날의 환경 문제, 기후 문제를 교회에 관한 사건으로 인식해야 한다. 그리고 이것이 교회의 존재 이유임을 깨달아 녹색교회로서의 역할과 책임도 게을리 하지 말아야 할 것이다. 시스템이 아닌 우리의 실천이 앞으로 우리의 미래와 창조세계의 미래를 결정지을 것이기 때문이다.

인류의 위기와 오래된 언약
위기의 시대, 다시 읽는 노아 이야기

송진순 • 이화여자대학교 강사

COVID-19 출현의 경고

코로나바이러스감염증-19COVID-19 33)의 출현은 문명의 전환점이 되었다. 2019년 12월 중국 후베이성 우한에서 발생한 신종 폐렴 환자를 기점으로, 원인불명의 바이러스는 급속하게 확산되었다. 한 달 새 중국에서는 1만 명이 넘는 감염자와 1천 명의 사망자가 속출했고, 아시아를 비롯하여 유럽과 미국 20여 개국에서 감염자가 나왔다. 우리나라도 예외는 아니었다. 1월부터 시작된 감염은 2월 대구에 위치한 신천지 교회의 집단 발병을 계기로 하루 천 명이 넘는 확진자가 쏟아져 나왔다. 당시 대구 및 경북지역은 유령도시가 되다시피

---

33) 2020년 2월 11일 세계보건기구(WHO)는 신종 코로나바이러스 감염병의 공식 명칭을 'COVID-19'로 결정했다. 이는 '코로나(COrona)', '바이러스(VIrus)', '질환(Disease)' 영문명의 머리글자와 신종 코로나바이러스 감염병이 처음 발병한 년도인 '2019년'의 19를 결합한 것이다. https://www.monews.co.kr/news/articleView.html?idxno=208240, 〈메디칼업저버〉, 2020.2.12, 검색일 2020.11.7. 그러나 본고에서는 COVID-19와 동등하게 한국 정부-질병관리본부에서 별도로 한글로 명명한 '코로나19'를 사용한다.

했고 전국은 보이지 않는 바이러스에 대한 공포와 불안에 휩싸였다. 세계적으로 확진자와 사망자 수가 급증하는 것을 보고서야 세계보건기구WHO는 3월 11일 뒤늦게 팬데믹을 선언했다. WHO의 늦장 대응은 여론의 뭇매를 맞기도 했지만, 그때까지만 해도 세계는 공중방역과 국가 간 연대가 있다면 코로나19 상황을 통제할 수 있을 것으로 예견했다. 그러나 전염병이 발생한 지 일 년을 바라보는 이 시점에도 백신 접종은 불투명하고, 확진자는 지속적으로 증가 추세에 있다.

코로나19는 인류의 시계를 거꾸로 돌려놓았다. 각 나라는 방역과 보건 및 의료 체제에서 강력한 국가를 소환했고, 코로나가 전파된 곳이라면 어느 집단이든 강한 배타와 혐오 정서를 드러냈다. 강도 높은 사회적 거리두기는 직장 업무와 학업, 생계 등 평범한 일상을 멈추게 했다. 대면으로 이루어진 모든 일들이 인터넷을 기반으로 하는 비대면으로 대체되었고, 위기는 사회적으로 더 낮은 사람들, 경제적으로 더 빈곤한 사람들에게 더 혹독하게 찾아들었다. 기저질환이 있는 노약자들은 바이러스에 더 취약했고, 온라인 접근이 어려운 계층은 정보와 사회적 관계에서 소외되었다. 시간이 갈수록 소상공 자영업자들, 비정규직 종사자 등 생계가 막힌 서민들의 삶은 더욱 피폐해졌다. 코로나는 세계 내 불평등을 가속화 했다. 물론 세계를 뒤흔든 전염병은 역사에 늘 있었다. 중세 유럽을 강타한 흑사병페스트이나 아메리카 대륙에 확산된 천연두, 근대에는 콜레라와 스페인 독감이 그것이다. 이와 같은 대규모 전염병은 봉건제의 붕괴와 경제 체제의 변화와 같은 사회 정치적 변혁을 몰고 왔다.

코로나19가 장기화 되면서 사람들은 이전의 삶의 방식이 지속될 수 없음을, 그래서 모든 관계, 노동 형태, 소비 형태에서 비대면 방식의 삶으로 전환될 수밖에 없음을 경험했다. 그렇다고 온라인을 통한 언컨택트한 상황이 현대인에게 낯선 경험은 아니다. 온라인 기반의 방송, 교육, 종교행위, 소비 형태 등 이러한 삶의 방식은 이미 생활 깊숙이 침투해 있었지만 코로나를 계기로 전 세계는 철저하게 비대면 국면에 접어들었다. 하여 코로나19 초기에는 포스트 코로나Post Corona에 대한 대안이나 논의가 쏟아져나왔지만, 상황이 지속되자 위드 코로나With Corona 시대를 전망하기 시작했다. 소위 디지털 그린 뉴딜 정책과 함께 새로이 맞이하게 될 뉴노멀New Normal 시대를 준비해야 한다는 것이다.

그런데 뉴노멀은 무엇을 의미하는가? 양권석 교수는 "코로나 이후 한국 사회와 교회"를 진단한 글에서 뉴노멀에 대한 정의와 비판적 회의를 전했다.[34] 뉴노멀은 표면적으로는 '새로운 정상성' 혹은 '새로운 표준'이라는 의미에서 이전 시대와 다른 보다 적극적이고 근본적인 변화에 대한 기대와 실현을 뜻한다. 그러나 코로나라는 위기는 근본적 변화의 긍정성을 말하기에는 놓인 상황이 위중함을 알 수 있다. 역사에서 뉴노멀은 2005년 조류독감이 창궐한 이후 대중이 공포와 공황 상태에 빠지는 것을 피하기 위해 전염병 확산을 일상으로 받아들일 것을 설득하는 차원에서 출현했다. 또한 뉴노멀은 2007-2008년 금융위기에 등장한 새로운 경제 질서를 의미하는 말로, 그것은 세계 경제가 저성장, 저금리, 저물가, 고실업률, 정부 부채 증가 및 규제 강화가 시행되

---

34) 양권석, "코로나 이후 시대의 한국 사회와 교회", 〈NCCK, 코로나19 이후 세계와 교회 심포지움〉 2020. 9. 14.

리라는 암울한 삶의 방식을 전망하는 데서 출현했다. 또 다른 차원에서는 정보 기술의 발전에 따른 소비패턴, 작업방식, 서비스의 공급과 소비 형식의 변화에 대한 자본의 전망과 관련되어서 사용되기도 했다.

양 교수는 뉴노멀이 한편으로는 위기와 재난의 상황에서 인간 삶을 지속시켜 내려는 중요한 노력과 연관되어 있지만, 다른 한편으로 뉴노멀의 제안은 위기의 원인에 대한 진단과 분석 보다는 변화된 상황을 일단 받아들이고 감수하도록 만들려는 의도를 드러낸다고 보았다. 다시 말해 뉴노멀의 제안은 역사적 위기가 무엇이든 간에 시장의 지속성을 담보하고 변호하기 위해 많은 경우 경제적 약자들에게 더욱 악화된 노동조건을 감수하고, 더욱 악화된 삶의 조건을 받아들이라는 직간접적인 위협으로 작용할 수 있다고 지적했다.

코로나19 상황에서 뉴노멀의 함의 역시 다르지 않다. 전염병으로 인한 공포와 불안을 감수한 채 우리는 다시는 돌아갈 수 없는 비정상의 상황을 일상으로 받아들이고 삶의 방식을 전환해야 한다고 설득하고 있다. 그렇다면 문제는 어떠한 삶의 방식으로 변화되어야 할 것인가? 여전히 경제 성장과 개발에 기대어 지금의 신자유주의 시장경제체제를 유지하는 방향으로 나가야 하는가? 코로나19라는 심대한 전염병 확산의 원인이 인간 탐욕의 결과로 인한 생산과 소비체제의 부산물이라는 것은 너무 잘 알려진 바이다. 그렇다면 뉴노멀이 제안하는 문명 전환이 이 세계를 어떤 방향으로 끌고 갈지 묻지 않을 수 없다.

미래학자 제레미 리프킨Jeremy Rifkin은 인터뷰에서 코로나19의 주원인으로 기후변화를 지적했다. 기후변화로 인한 모든 결과물이 팬데믹을 야기한 것으로, 대표적인 세 가지 현상을 꼽았다. 첫째는 물 순환 교란으로 생태계가 붕괴됐다는 것이다. 지구온난화로 지구가 1℃ 뜨거워지면 대기는 평균 7% 강수량을 흡수하고, 결국 극단적인 가뭄과 산불이 지속된다. 둘째, 자연에 대한 착취와 개발이다. 인간은 야생을 개발하고 단일 경작지로 만들면서 막대한 양의 소를 사육하게 되는데 이 역시 기후변화를 유발한다는 것이다. 셋째, 야생동물의 이주이다. 서식지가 파괴된 동식물이 기후위기를 피해 탈출하는 현상이 나타난다. 사실 기후위기는 전세계적으로 기후난민을 양산해내는데, 이 점에서 야생의 동식물 역시 이 시대가 낳은 기후난민으로 정의될 수 있겠다. 이러한 이동은 바이러스의 이동과도 궤를 같이 한다고 볼 수 있다. 이렇게 볼 때 우리에게는 코로나19뿐만 아니라 제2, 제3의 코로나가 재현될 수 있다는 상황이라는 점과 이 모든 것이 전적으로 인간의 욕망이 만들어낸 재앙이라는 점을 인정할 수밖에 없다.[35]

코로나19의 전조-조류독감

이러한 진단과 전망은 비단 제레미 리프킨만의 주장은 아니다. 기후위기 앞에서 전세계 환경론자들과 과학자들이 한목소리로 경고하는 메시지이다. 지금의 인류세는 기후위기, 팬데믹 그리고 식량난으로 파국에 이를 것이라는 진단이 중론을 차지하고 있다. 그런데 이러한 인류 멸망의 원인은 결국 긴밀

---

35) 제러미 리프킨, "코로나는 기후변화가 낳은 팬데믹…함께 해결 안 하면 같이 무너져", 〈경향신문〉 2020.5.14. http://news.khan.co.kr/kh_news/khan_art_view.html?art_id=202005140600005, 2020.11.5.

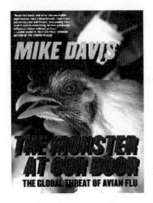

Mike Davis, The monster at our door: The global threat of avian flu, 2005.

한 하나의 문제로 귀결된다. 그것은 기후위기이며, 이는 지금의 산업문명이 빚은 재앙이라는 점이다. 이와 관련하여 2005년 마이크 데이비스Mike Davis가 저술한 『조류독감: 전염병의 사회적 생산』 *The Monster at our Door: The Global Threat of Avian Flu*에서 보다 구체적인 정보를 확인할 수 있다.36) 15년 전 출판된 이 책은 지금의 코로나19 상황을 정확하게 묘사하고 있다. 마이크 데이비스는 20세기 이후 독감의 역사를 기술하면서, 1차 세계대전 직후 일어난 스페인 독감을 언급한다. 1918년 스페인 독감은 5천만 명이 사망한 전염병으로 페스트와 콜레라와 같은 위력을 지닌 팬데믹이 언제든 창궐할 수 있음을 보여주는 분명한 사례라고 예견했다. 그의 예견은 적중했고, 이는 1997년에 H5N1 바이러스, 일명 고병원성 조류독감 바이러스라는 전염병으로 출현했다.

　홍콩에서 처음 발병한 조류독감은 종간 경계를 넘어 사람에게 전파된 병으로 당시 공식 사망자만 230명이 나왔다고 전한다. 사망자 수로는 팬데믹에 이를 정도의 수치는 아니었다. 그러나 주목할 것은 조류독감 바이러스 출현이 갖는 의미이다. 이 바이러스는 미세한 돌연변이를 일으킴으로써 인간 세포의 자물쇠를 따고 가금류를 넘어 인간에게 전파되었다. 당시 연구에 참여한 학

---

36) 마이크 데이비스, 『조류독감: 전염병의 사회적 생산』, 정병선 역, (서울: 돌베개), 2008.

자들은 인간 변종 바이러스를 다시 가금류 집단에 감염시켰더니 해당 무리가 하루 만에 몰살하는 것을 목도했다. 바이러스의 급속한 전파력과 맹독성의 치사율은 상상 이상이었다. H5N1 바이러스는 불가능해 보였던 종간 도약에 성공했고, 이것이 다른 독감 유전자와 재배열한다면 감당하기 어려운 결과를 낳을 것이라는 공포가 엄습했다. 그는 조류독감은 인도네시아, 베트남, 타이 등 동남아시아의 농촌을 중심으로 발생했지만, 이 바이러스가 변이를 일으키거나 다른 바이러스와 재조합된다면 걷잡을 수 없는 상황이 일어날 거라고 경고한다.[37]

그렇다면 조류독감이 변이되고 창궐한 배경은 무엇인가? 마이크 데이비스는 의학과 사회, 경제학에 관한 역학조사를 기반으로 1980년 이후 변화된 상황에 주목한다. 그는 조류독감 바이러스의 종간 진화가 가속화된 원인으로 중국 남부의 산업혁명과 축산업 혁명을 들고 있다. 중국 남부 광둥 지역에 도시화와 산업화가 급속히 진행되자 사람들은 도시로 몰려들었고, 가금류 소비가 증가했다. 가금류 수요에 맞춰 대규모 공장식 축산이 확대되었다.[38] 익히 알려져 있듯이 공장식 축산은 거대한 농업기업이 주도하는 것으로, 돼지나 닭 등은 다양한 품종들이 아니라 유사 품종으로 단일화되고, 청결하지 못한 밀집된 축사에서 사육된다. 이는 저항력 없고 전염이 쉽게 되는 환경, 즉 바이러스가 더욱 잘 변형되는 환경을 조성한다. 이에 가금류와 돼지 및 소는 유전자 변이된 재료들과 다량의 항생제가 포함된 사료를 먹게 되고 이들이 조류독감

---

37) 위의 책, 59-68.
38) 위의 책, 99-114.

이나 구제역에 노출되면 즉시 해당 지역 동물들을 전부 살처분된다. 현대 산업 문명의 사육은 그야말로 반생명적이고 친자본적인 체계를 통해 생산되고 소비되는 것이다.[39] 공장식 축사들은 전염병의 매개 역할을 해왔고 세계적으로 육류 소비의 확대는 원거리 수송으로 인한 바이러스 감염 범위를 확대시켰다. 이처럼 열악한 사육 환경과 이동 거리의 확대는 조류독감 바이러스의 변이가능성과 인체 감염률을 현저하게 높이는 원인으로 작동하게 된다.

또 다른 매개 원인으로 제3세계 도시를 중심으로 급격하게 일어난 거대 도시와 슬럼화 현상을 들 수 있다. 살인적으로 높은 인구밀도와 열악한 위생환경은 조류독감 바이러스의 병독성이 발달할 수 있는 이상적 생태환경을 제공했다. 마지막으로는 댐건설과 난개발이다. 관개농업을 위해 댐을 건설하고 습지의 물을 이용하면서 서식지를 잃은 철새들이 수로와 농지에 모여들었고 이들이 가금류와 접촉하게 된 것이다. 열대 밀림이나 습지 같은 서식지의 파괴는 야생 조류와 가금류의 생태환경을 위협하고 조류독감 바이러스가 쉽게 확산할 수 있는 환경을 조성한 것이다.

사육방식, 서식 환경 등의 직접적 원인 이외 비판적으로 논의돼야 할 원인은 또 있다. 바로 대유행성 질병의 확산과 대응 방식의 문제다. 세계화와 맞물린 신자유주의적 구조조정으로 인해 대다수 국가에서는 팬데믹에 대응할 수 있는 공공의료체제가 거의 부재하다시피 했다. 이 시대 제약업은 최고 관심 산업이지만, 문자 그대로 이윤이 남지 않는 대유행성 질환에 대한 백신 개

---

39) 이기영, "구제역과 조류독감—공장식 축산업이 부른 육식문명 종말론", 「사목정보」, 2011, 3, 90–95.

발, 연구 인력 지원 등 지속적인 투자와 인프라 구축에는 등한시해왔다. 이 문제에 대한 비판은 유니세프나 WHO도 피해가기는 어렵다. 또한 항공 운송이 보편화되면서 인구와 물자가 재빠르게 이동하는 것도 주원인으로 작동했다.40) 이는 전염병이 1-2주 만에 전세계로 확산될 수 있는 경로가 되었다. 실제로 2003년 사스와 메르스의 유행이나, 이번 코로나19 상황에서 해외입국자로 인한 바이러스 확산 상황은 심각했다. 마이크 데이비스는 조류독감이 자연적 위협이 아니라 인간이 창조한 괴물이자 그것이 바로 우리 앞에 당도해있음을 경고하고 있다. 15년이 지나 그의 예견은 코로나19 상황에서 정확하게 재현되었다. 2020년 11월 27일 현재 219개국에서 코로나19로 인한 확진자 수는 6100만 명이고, 사망자 수는 140만 명으로 집계됐다. 인간이 쏜 화살은 인류와 지구 자연의 심장을 명중시켰다.

살생의 화살: 자본주의와 세계화의 이면

지구 자연의 신음은 오래전부터 들려왔다. 산업문명 이후 소리 내지 못하고 스러지는 존재들이 급속하게 늘어갔다. 그러나 신자유주의 경제체제는 세련된 방식으로 인간 이외의 존재들을 시야에서 지워갔다. 땅과 바다를 덮은

---

40) 마이크 데이비스, 『조류독감: 전염병의 사회적 생산』, 149-183. 그는 미국 내 백신연구시설은 독감철 이후에는 다른 시설로 전환했고, 백신 생산시설은 부실하고 관리 역시 형편없었다고 전한다. 미국 정부의 공공의료서비스 정책 실패와 함께 예산상 이유로 최빈국 아이들의 사망에서도 예산을 삭감하는 유니세프와 WHO의 현실도 전하고 있다.

아스팔트와 시멘트, 강과 바다를 바닥까지 긁어내며 깊숙이 내리박은 대규모의 화학품 덩어리의 시멘트 교각들, 도로, 항만, 항공 시설과 댐, 발전소들을 비롯하여 열대 밀림과 천혜의 자연은 대기업의 경작지로 혹은 유려한 관광지로 변모되었다. 석탄, 석유, 목재, 광물은 물론 공기, 물, 흙 등 유무형의 자원들은 마구잡이로 약탈당한 나머지 오염되거나 고갈되었다. 산업화, 문명화, 세계화를 위해 시행되는 모든 인공물은 지구 위의 동식물을 멸절시키고, 생태 환경을 훼손하고 착취한 결과 위에 세워졌다. 폭염과 혹한의 이상 기후의 속출, 가뭄과 사막화 그리고 대규모 산불에 이르는 땅의 갈증 징후, 강력한 태풍과 홍수 등 기후변화와 함께 에볼라 바이러스, 사스, 메르스, 코로나19에 이르기까지 전염병은 지구 자연이 내는 고통스러운 신음들이다. 이러한 징후들이 우리에게 고하는 하나의 메시지는 바로 인류 문명에 대한 파국 선언이다.

2018년 8월 인천 송도에서 개최된 "기후변화 정부 간 협의체"IPCC 총회에서는 「지구온난화 1.5도 특별보고서」를 제출했다.[41] 보고서에 따르면, 지구 평균온도 상승 폭을 1.5도로 제한하지 않는다면 인류 생존이 위태로울 것이라는 심각한 전망과 함께 이에 대응하기 위해 인류는 2050년까지 CO_2 배출과 흡수가 서로 완전히 상쇄되는 이른바 'Net-Zero' 배출을 달성해야 한다는 것이다. 지금의 지구는 자정능력과 임계치를 넘어서고 있으며, 우리에게는 시간이 없다는 데 과학자와 환경학자들은 의견을 일치했다. 그런데 인류 생

---

41) 「지구온난화 1.5℃」 SPM 주요 내용, 기상청 제공 http://www.climate.go.kr/home/bbs/view.php?code=94&bname=climatereport&vcode=6182&skin=information&bbs_scale=600&bbs_align=left&cpage=1&vNum=12&skind=&sword=&category1=&category2=. 2020.11.8.

존의 문제는 기후위기에서 그치지 않는다. 생물다양성 역시 위기에 있다.

생물다양성Biodiversity이란 자연 세계를 구성하는 다양한 종의 동식물, 미생물, 그들이 담고 있는 유전자, 그리고 그들의 환경을 포함하는 것으로, 이러한 모든 생명 존재들은 인간 생존에 필요한 모든 것을 지원한다. 나아가서 모든 생명은 전 생태체계 속에서 조화롭게 공존함으로써 서로를 풍요롭게 하는 것을 의미한다.42) 그러나 인간이 성장과 개발을 목표로 자연에 자행한 행위는 동식물을 멸종에 이르게 했다. 멸종이야 과거에도 있었다. 그러나 지금의 멸종 속도가 과거 화석 기록에 나타난 것보다 100배 이상 빠르다는 데 그 심각성이 있다. 열대림의 반 이상은 벌채되었고, 세계의 마지막 미개척지는 이미 사라졌다. 에드워드 윌슨Edward O. Wilson은 『생명의 미래』 *The Future of Life*에서 생명 멸절에 대한 절망적인 상황에서 경제발전을 포기할 수 없다고 말하는 '경제주의자'와 유한한 지구에서 환경보존만이 답이라는 '환경주의자' 간의 논쟁과 투쟁은 이미 늦었다고 경고한다.43)

우리를 둘러싼 파국의 징후들은 인간이 지구 자연을 보호와 공존의 지속가능한 생태 환경으로 보기보다는 착취와 개발의 대상으로 삼고 물질문명과 경제 성장을 추구한 결과다. 인간 역시 이 세계의 구조 안에서 노동, 주거, 인간 존엄의 문제로 고통받으면서도, 언젠가 과학기술이 혹은 지금의 경제 구조와 정치 체제가 종국에는 해결책과 낙관적 미래를 제시하리라는 막연한 기대와

---

42) https://www.worldwildlife.org/pages/what-is-biodiversity, 2020.11.8.

43) 에드워드 O. 윌슨, 『생명의 미래』, 전병욱 역 (서울: 사이언스북스, 2005) 65-69, 235.

환상을 버리지 못하는 까닭에 파국의 속도는 당겨지고 있다. 인간과 피조세계의 공존과 연대라는 하나님의 거룩한 세계에 대한 이상을 버리고, 인간 중심성과 이기성에 천착한 채 자연을 마구잡이로 개발하고 바벨탑의 문명을 이룩한 결과가 인간과 자연 모두에게 부메랑이 되어 돌아왔다.

　기후위기, 생명의 멸절, 그리고 팬데믹은 사회적 불안을 가중시키고, 지역적, 인종적 경계를 강화하고, 경제적 빈곤과 불평등 속에서 심각한 양극화를 초래했다. 결국 우리는 조화와 공존 대신 각자도생하는 분주한 삶을 선택할 수밖에 없었다. 인간을 포함하여 자연의 모든 생명은 왜곡되어 뒤틀려 버렸으며 회복하기 어려운 손상을 입었다. 이것이 우리가 마주하는 자본주의와 세계화의 이면이다. 누구도 생존하지 못하는 살생의 화살로 가득한 세계의 얼굴이다. 이 시대에 주창되는 뉴노멀과 글로벌 화두가 된 그린 뉴딜은 과연 파국을 지연시킬 대안이 될 수 있을까?

　2000년 이후 논의되어 온 그린 뉴딜은 2016년, 2020년 미국 대선에서 민주당 후보들의 주요 공약이었고, 2019년 새롭게 구성된 EU 집행위원회에서 발표된 유럽 그린딜European Green Deal은 주요 의제였다. 그린 뉴딜 정책을 선언하고 실행하는 나라와 주체는 저마다 다양한 스펙트럼을 갖고 있지만, 이 정책은 기본적으로는 세 가지 공통원칙을 기반으로 한다. 그것은 기후위기에 대한 대응이자 일자리 창출에 기반한 경제 부양책이며 마지막으로 불평등 해소를 통한 정의 실현이다. 윌슨의 지적대로 그린뉴딜은 환경주의자와 경제주의자가 머리를 맞대고 짜낸 가장 유효한 정책인 것으로 보인다.

　그러나 여전히 정책의 기저에는 인간 중심적, 인간 지배적 관점에서 문명의 성장과 개발을 큰 그림삼아 그려낸 경제체제의 변화라는 점이다. 전세계에 들이닥친 복합적 위기 상황에서 반강제적 저성장은 어느 나라든 면할 수 없으나 보다 적극적으로 탈성장, 탄소 제로의 과단성 있는 결단으로 가기까지는 너무 많은 장애가 놓여있다. 이러한 전환들이 위기 앞에 선 인류와 생태계의 운명을 어디까지 지연시킬 수 있을까? 물론 뉴노멀이 탑다운 방식의 정책 변화와 함께 바틈업 방식의 시민과 지자체 등, 다자간협력 체제에 기반한 거버넌스의 정책실행이 되기 위해서는 많은 논의와 민주적 과정의 절차와 준비가 필요하다. 그럼에도 우리에게는 남은 시간이 없다. 피상적인 한국판 디지털 뉴딜/그린 뉴딜에 대한 비판과 회의는 심도있게 논의되어야 한다. 동시에 이제 더는 미룰 수 없는 생태적 삶의 전환을 위해 그리스도인 개개인의 인식 전환도 필수적이다.

한국교회가 사회적 신뢰를 잃고 점차 배타적이고 이기적 종교로 낙인찍히는 현상은 과대표된 일부 기독교인들의 왜곡된 세계관과 신앙관에서 기인했다해도, 여전히 많은 기독교인들은 교회의 패쇄적 성서 이해와 기복적인 신앙관에서 벗어나지 못하고 있다. 하나님의 구원과 해방의 영성이 개인 신앙의 척도를 넘어 사회 구원과 지구 자연에 대한 구원과 은총의 영성임을 기억한다면, 우리의 성서 독법 역시 달라져야 한다. 인류 전체의 재앙 앞에서 기독교인은 위기 앞에서 그간 축척해온 인류문명에 대한 자성과 함께 소리내지 못하는 자연이 얼마나 취약한 존재인가를 새롭게 인식하는 전환적 성서 해석이 수반되어야 한다. 성서적 삶이 결국 인간 해방과 자연 해방을 위한 근간으로써 지속가능한 지구 환경을 조성하는 동력이 될 수 있음을 이야기해야 할 것이다.

이를 위해 성서의 창조 이야기와 노아의 홍수 이야기에서 자연에 대한 대안적 이해를 도모해본다. 다시 말해 청지기로서의 역할을 넘어 자연과 인간이 동등한 존재로서, 다시말해 자연 역시 생명권을 가진 당사자로서 역할을 함께 누릴 수 있음을 성찰해본다.[44]

창조세계와 인간의 관계 맺기

성서의 첫 장은 하나님이 세계를 어떻게 창조하셨는가에 대한 유대적 세계관을 기술한다. 창세기 1장에서 하나님은 혼돈과 공허, 암흑 가운데서 빛을 만들고, 물 가운데 궁창을 내어 경계를 나누었다. 그는 식물과 동물을 지으시고 마지막에 인간을 지었음을 보도한다. 인간을 조성하기에 앞서 식물과 동물을 창조한 하나님은 각각의 창조 행위 후에 "보시기에 좋았다"고 만족해하는 보도가 반복적으로 기술된다. 흥미로운 것은 인간뿐만 아니라 동물에게도 동일하게 "복을 주시며 생육하고 번성하여 충만하라"고 말씀하셨다는 것이다1:22. 우리가 기억하는 창세기의 인간은 "생육하여 번성하고 땅에 충만하라. 그리고 땅을 정복하라"1:28는 명령을 받은 존재로서 이 구절은 역사에서 인간의 자연지배를 정당화하는 근거로 인용되어 왔다. 그런데 성서는 인간의 축복을 말하기 앞서 동물도 축복을 받은 존재로서 각자의 자리에서 생육하고 번성할 의무와 권리가 있음을 피력한다. 이것은 피조세계에 대한 고대 유대인의 세

---

44) 창세기를 비롯하여 노아 홍수 이야기는 게하르트 폰 라드, 『국제성서주석1 창세기』, (서울: 한국신학연구소, 1988)를 참고하되 생태적 관점에서 해석한다.

계관이었고, 바로 야훼 하나님을 경외한 이들이 자연을 대하는 태도였다.

창세기 2장은 더욱 흥미있는 사건으로 우리를 안내한다. 에덴을 경작하고 보존하는 아담의 손을 끌고 하나님은 각각의 동물과 식물의 이름을 짓게 하신다. 사실 이름을 짓는다는 것, 존재를 정의내리고 규정한다는 것은 특별한 관계를 맺는 것을 의미한다. 이름짓기는 관계의 시작이며 관계를 유지하는 데 필수적 행위이다. 태초의 인간이 하나님에게 부여받은 지성의 능력을 통해 피조 세계와 관계 맺으며, 다른 존재와의 관계에서 자기를 확인하고 더불어 사는 존재라고 묘사된다. 그러나 인간은 피조세계를 다스리기 전에 서로에게 의존하는 관계, 나아가 인간 중심성에서 벗어나 서로를 호명하고 돌보는 관계였다는 것을 기억해야 한다.

자연이 인간에게 풍부한 삶의 환경과 양식을 제공했듯이 인간 역시 피조세계를 책임있게 보호하고 관계맺을 책무가 있다는 점을 성서 본문은 말하고 있다. 유대 세계관에서 이와 같은 자연과 인간의 관계는 에드워드 O. 윌슨이 바이오필리아Biophilia라는 개념으로 정립한다. 다시 말해 자연은 인류가 생존과 번식에 필요한 물질자원이면서 동시에 심미적, 지적, 정서적 안정과 만족을 위해 자연을 사랑하고 의지할 상대라는 것이다. 성서는 자연과 인간이 상호의존의 관계를 통해 생명다양성을 증진시킨다는 의미를 내포하고 있다.

그러나 하나님이 피조물을 향해 "보시기에 좋았다"라는 감탄은 이내 얼마 지나지 않아 "보시기에 악하다"라는 한탄으로 바뀌게 된다. 창세기 6장 6절은 "사람의 죄악이 세상에 가득하고 그의 마음과 생각과 계획이 악한 것을 보시고 땅 위에 사람을 지으셨음을 한탄하고 근심하셨다"라고 기록되어 있다.

하나님은 인간의 행위만이 아니라 행위 뒤에 있는 인간의 마음과 생각이 악한 것을 꿰뚫어 본 결과, 물의 심판을 내리신다. 우리가 잘 알고 있는 노아의 홍수 이야기이다. 이 이야기는 인간의 죄로 인해 하나님의 심판이 임하는 사건이다. 비록 세계는 멸망했지만 하나님의 사랑과 은혜가 세계를 다시 구원하신다는 이야기를 통해 야훼 하나님의 구속사를 전한다. 이를 통해 성서는 유일신 하나님의 위대함과 인간에 대한 지극한 사랑과 구원의 서사가 바로 유대인이 갖고 있었던 하나님 이해이자 인간과 자연에 대한 인식을 드러낸다.

구체적으로 홍수 심판으로 가기 전, 성서에 기록된 하나님의 마음을 묘사한 단어에 주목한다. 여기서 "한탄하셨다"라는 말에 사용된 히브리어 동사는 '후회하다, 탄식하다'라는 의미의 "나함"ᴍ에서 나온 단어이다. 한글 성경이나 영어 성경에서는 전지전능한 하나님에게 어떻게 '후회하다'라는 부정적 표현을 쓸까 하는 마음에서인지 이 단어는 '한탄하다' '유감이다' 정도로 번역되었다. 그러나 이 표현은 '나함'에 대한 명확한 의미를 전달한 것은 아니다. 인간의 악행과 마음의 악을 본 하나님은 자신의 뜻을 돌이켜 후회할 만큼 분노하고 탄식하셨고 마음에 근심하셨다는 것을 나함이라는 단어는 내포하고 있다. 그리하여 사람으로부터 짐승에 이르기까지 당신이 손수 지으신 모든 것을 쓸어버릴 것이라고 선언한다. 심판의 대상은 사람에게서 피조물 전체로 확대된다.

그러나 하나님의 심판은 파국이나 전멸 행위 자체에 있는 것은 아니었다. 하나님의 후회와 심판 선언에 이어 8절은 곧바로 하나님의 은혜를 입은 노아를 소환한다. 노아는 하나님 앞에 의롭고 완전한 사람이라고 전한다. 그는 마치 삶의 부조리 앞에 선 의로운 자, 욥을 떠올리게 한다. 성서는 당시 노아가 남들의 이목에도 아랑곳하지 않고 방주를 지었다면, 욥은 이해할 수 없는 끝 없는 시련과 고난에서도 하나님을 인정함으로써 복된 삶을 누리는 신앙의 이 야기를 보도한다. 세상의 조롱에도 불구하고 노아는 방주를 완성했고 그곳에 모든 생명있는 존재들을 태운다. 하나님은 세상의 모든 생명을 멸절하겠다는 냉혹한 심판 선언에도 불구하고, 노아에게 이 땅의 모든 생명 중 정한 것과 부 정한 것을 구분하여 각 일곱 쌍에서 두 쌍에 이르기까지 모두 보존하라고 명 령한다. 이러한 명령은 마치 새로운 시작을 위한 선별일 수도 있겠으나 그보 다는 어떤 생명있는 존재도 보존하려는 유대적 생명다양성의 현실을 보여주 는 것 같다. 동시에 인간의 악함이 몰고 온 파멸에서도 생명에 대한 하나님의 애틋함과 생명 그 자체에 대한 존재됨의 인정과 보존에 대해 기술하고 있다.

상생의 화살, 창조와 화해를 위한 오래된 언약

성서는 홍수가 끝나고 방주에서 나온 노아가 제일 먼저 하나님께 번제를 드리는 장면을 묘사한다. 이 번제에 대해 하나님은 다시는 사람으로 인해 땅 을 저주하지는 않겠다고 선언하면서, 노아와 그의 아들들에게 피조물에게 내 리신 동일한 축복, 즉 "복을 주시며 생육하고 번성하여 충만하라"고 선포한 다. 분명한 것은 축복은 인간만이 아니라 하나님이 귀하게 품어 보존한 모든 생명에게 허락하신 은총이었다. 창세기 9장에 나타난 하나님의 언약인 베리 트בְּרִית는 성서에서 307번 등장하는데 언약이라는 용어가 최초로 언급된 곳이 노아의 홍수 이야기다. 하나님과 이스라엘의 관계를 담고있는 언약은 이스라엘 민족이 하나님을 이해하고 신앙생활을 하는 데 매우 중요한 개념이다. 일반적으로 언약 혹은 계약은 쌍방 간 이루어진 협약으로 생각된다. 그래서 누군가 의무 조항을 어겼을 때, 그 계약은 폐기되는 것으로 간주한다. 그런데 하나님과 이스라엘 백성 사이에 맺은 언약은 상호 규정과 약속 이행이라는 차원에서 이루어지는 것이 아니다. 언약은 하나님의 일방적인 의지의 표명이자 약속의 표현을 담고 있다. 역사에서 이스라엘은 하나님과의 관계에서 수없이 의무를 저버리고 위기에 빠졌지만, 하나님의 언약은 그들이 다시 돌아오게 되는 지렛대 역할을 했다는 것을 보게 된다. 이제 하나님은 노아와 모든 생명에게 다시는 물로 심판하지 않겠다는 약속과 함께 언약의 징표로 구름 속에 무지개를 걸어 두신다. 그렇다면 왜 무지개인가?

히브리어로 무지개는 '케셔트'קשת, 전쟁에서 사용되는 무기인 활을 의미한다. 하나님은 자신의 활을 악한 인간에게 겨눴으나 이제는 심판을 멈추고 활을 하늘에 걸어 두겠다는 뜻이다. 그럼으로써 너희와 전쟁을 하거나 너희를 심판하지 않겠다고 선언하신다. 무기로의 활이 아니라 평화의 상징으로 활을 보이신 것이다. 인간의 악에도 불구하고 하나님은 생명에 대한 사랑과 기대로서 먼저 화해의 손을 내미셨다. 아마도 고대 이스라엘 사람들은 이 말씀을 읽으며 하늘에 뜬 무지개를 볼 때마다 하나님의 언약을 기억했을 것이다.

단, 하나님은 언약의 증표와 함께 이 모든 생명을 함부로 탈취하거나 피흘리지 못하게 금하셨다. 당신이 분노와 폭력을 멈추신 것처럼, 인간인 우리도 인간에게 혹은 동물에게 폭력과 살인을 멈출 것을 명령한 것이다. 이는 하나님의 창조 세계에서 불의가 종식되고 어떠한 생명도 억울하거나 무고한 피를 흘려서는 안 된다는 거룩한 화평의 약속이었다. 동시에 인간 안에 내재한 악을 물리치고 그 안에 희망과 구원의 가능성에 대한 기대이기도 했다. 하나님은 인간 악에 대한 후회를 넘어서 공의와 평화가 인간을 넘어 모든 생명과의 관계에서 이루어질 것을 기대하셨다. 그것은 창조의 기원에서 시작된 생명에 대한 축복이 새로운 세계로의 도약을 이루는 출발이자 동력임을 선포한 것이다. 다양한 생명은 보존되어야 하며, 새 하늘과 새 땅에 대한 하나님의 종말론적 평화도 이뤄내야 한다는 기대이다. 기독교인이라면 누구나 잘 알고 있는 노아의 홍수와 언약, 이 동화같은 이야기는 우리가 놓치고 있던 하나님의 사랑, 다시말해 생명에 대한 애틋한 관심과 공의의 메시지로 충만하다.

이마고 데이*Imago dei*, 하나님의 형상을 닮은 존재로서의 인간이라는 개념은 여타 다른 생물이나 자연보다 다른 차별성을 갖거나 우월하다는 것을 의미하는 것이 아니다. 인간은 하나님의 형상만이 아니라 속성까지 닮은 존재여야 한다는 것이다. 하여 하나님이 그러하셨듯이 살아있는 생명과 관계맺고 함께 더불어 살아가는 존재라는 이해를 바탕으로 한다. 동시에 생명이 있는 모든 존재가 인간과 마찬가지로 하나님의 축복과 풍요와 번성할 권리를 가졌다는 의미로 이해돼어야 한다. 인간은 하나님의 사랑의 언약, 그 영원한 생명에의 약속을 지상에서 실천하면서 이 세계를 책임있게 돌보고 지켜야 할 의무가 있다는 것을 의미한다. 이것은 신앙의 책무이자 윤리적 실행이다. 인간은 이 땅에 잠시 왔다 가는 나그네일 뿐이며 모든 자연이 하나님의 것이라는 겸허한 고백이 바로 성서가 전하는 메시지이다. 그러나 문제는 하나님조차 멈추신 땅의 저주와 심판을 인간이 시작했다는 데 있다. 풍요로운 삶, 더 나은 삶에 대한 지칠 줄 모르는 욕망은 생태 환경에 살고 있는 생명들과 자원을 파괴하고 착취하며 훼손하고 있다.

노아가 경험한 홍수는 하나님의 심판과 회복으로 이어졌지만, 우리가 경험하고 있는 기후위기, 동식물의 멸종과 생태계의 파괴 그리고 팬데믹의 재앙은 회복 불가능한 파국으로 이어지고 있다. 자연은 일단 임계치를 넘어서면 회복 가능성을 기대하기란 어렵기 때문이다. 위기에 대한 특별한 묘책은 없다. 지금까지 많은 사람들의 노력에도 세계 경제와 정치를 운행시키는 수레바퀴를 멈출 수 없기 때문이다. 그럼에도 불구하고 생태적 삶의 전환, 문명의 전환은 위기에 대한 각성과 자본주의 시스템과 세계화에 대한 통렬한 반성에서 시작한다. 지금의 위기를 극복하려는 노력은 국제 사회−국가−지차체와 시민 단체를 비롯한 시민 개개인의 연대와 회복에의 의지에서 발견할 수 있다. 지속가능한 세계를 위한 거버넌스의 시행은 결국 이를 추동해낼 수 있는 시민 역량, 즉 기독교적 시민 역량의 육성과 강화에 달려있다. 인류 생존의 위기에 대한 인식, 탈성장에 대한 과단성 있는 결단과 삶의 방식의 전환, 그린 뉴딜 정책에 대한 숙의와 시민의 협조가 절실한 때이다.

겨울로 접어들면서 코로나19로 인한 불안이 삶을 다시금 위협한다. 문제는 위협이 일상이 되었다는 데 있다. 그러나 위기를 두려워하거나 회피하는 것이 아니라 거기에서 다시 파국의 징후를 직시하고 세계의 구조악을 성찰하며 자성의 용기를 갖는 삶, 바로 그것이 성서에서 발견하는 희망의 메시지이다. 이제 우리에게 요청되는 것은 효율과 합리라는 이 시대 자본주의의 셈법이 아니다. 존재 자체가 가치가 되고, 생명 살림이 우선이 되는 하나님의 셈법이다. 하나님의 셈법을 살다간 거룩한 바보, 예수 그분이라면 이 세계를 어떻게 바라보셨을까? 그는 침몰해가는 자연세계를 보며 인간에게 나의 탐욕 대신 너에 대한 배려를, 나만의 풍요 대신 우리의 풍요를, 그래서 현재에 족한 줄 알고, 불편함을 감수하면서 함께 가는 걸음이 하나님 나라라고 말씀하셨을 것이다. 진정한 풍요는 다른 생명을 착취하면서 얻는 것이 아니라 생명에 귀기울이고 생명을 보듬어 살림으로써 얻는 것을 알기 때문이다.

인간은 자연의 신음에 무감했지만, 하나님은 무감하지 않으셨다. 그는 소리내지 못하는 자들에게 소리가 되시고, 생명의 고통에 동참하며 함께 고통받으며 위로하고 계신다. 세상의 심판을 견디며 모든 생명을 지켜냈던 노아, 하나님은 세상의 조롱을 받아야 하는 노아를 선택하셨다. 그리고 세상의 심판 후에 축복과 위로를 전하셨다. 생명의 명멸에 안타까워하며 생명을 위로하신 하나님은 다음 세대를 위해 노아를 준비하셨던 것이다. 노아의 이름은 바로 쉼과 위로라는 뜻이다. 하늘에 뜬 무지개는 성나고 찢긴 자연을 싸매시며 세상의 악과 심판을 그칠 것을 선포하신 생명을 향한 하나님의 사랑과 위로와 언약이었다. 인간의 삶은 자연의 모든 생명들과 긴밀하게 연결되어 있다. 하나님의 나라와 공의는 자연을 배제한 인간만을 위한 나라와 공의가 아니다. 하나님께서 친히 지으시고 복 주신 생명들과의 관계 안에서 이루어가는 희망과 구원의 나라인 것이다. 그리스도인은 하나님의 부르심에 응답함으로써 생명을 구원할 의무를 지닌 이들이라는 사실을 기억해야 한다. 오래된 언약은 우리가 함께 누릴 생명과 화평의 삶을 이야기하고 있다.

생물 멸종을 넘어 생명의 다양성으로

장동현 • 한국교회환경연구소 책임연구원

올해 한국교회 환경주제는 "기후위기와 생물다양성 상실"이었다. 한국교회 환경선교를 대표하는 기독교환경회의는 2020년 주제를 "기후위기와 생물다양성 상실 그리고 창조세계의 온전성"으로 정한바 있다. 올해 5월 첫 주 드린 환경주일 연합예배 주제도 "작은생명 하나까지도ㅡ '기후위기시대', 생명다양성을 지키는 교회"였다. 기후위기에 대응하는 것도 벅찬데, 생물다양성 상실까지 환경선교 주제로 정한 것은 그 만큼 시급한 문제이기 때문일 것이다. 파괴되는 창조세계와 죽어가는 생명을 기억하고 지켜내는 것은 그리스도인의 가장 중요한 소명이기 때문이 아닐까?

삼십여 년 동안 강조해 온 기후변화와 지구온난화 문제는 이제 기후재앙으로 현실이 되었다. 이번 여름 유행한 해시태그 "이 비의 이름은 장마가 아니라 기후위기"라는 문구는 기후위기를 감각적으로 표현한다. 기후위기와 함께 올해초부터 지금까지 전 세계를 재앙으로 몰아넣은 코로나바이러스감염증이후, 코로나19은 지금도 큰 팬데믹으로 인류를 뒤흔들고 있다. 이번 코로나19는 인간의 산업화 이후의 삶을 다시 성찰하게 할 뿐만 아니라 자연과 인간이 어떤 관계를 맺어야하는지 묻고 있다. 코로나 팬데믹 상황과 기후위기, 생물멸종의 상황은 더 이상 분리할 수 없는 위기로 한국교회에 대응을 요청하고 있다. 본 글은 기후위기와 생물다양성 상실의 문제를 함께 고민하며 시민사회의 대응을 살펴보고 신앙적 응답을 요청하는 글이다. 한국교회가 이 위기 앞에 어떤 신앙의 자세로 전환해야 하는지 묻고 답해보려 한다.

기후위기의 증후들

기후변화와 지구온난화는 전 세계적으로 들불처럼 타오르는 기후위기 비상행동을 통해 새로운 국면을 맞이하고 있다. 2018년 시작된 기후위기 비상행동은 스웨덴의 그레타 툰베리Greta Thunberg의 호소와 함께 전 세계 수억 명의 결석시위와 파업으로 이어졌고, 전 세계 1200개 지방정부들의 기후비상사태 선포로 확대 되었다. 수십 년간 문제 제기된 기후변화와 지구온난화는 더 이상 지체할 수 없는 긴급한 위기로 인식된 것이다.

기후위기의 심각성은 2019년 여름 발생해 9개월간 계속된 호주산불에서 그 현실을 확인했다. 호주대륙은 인도양의 쌍극화DIPOLE 현상의 영향으로 매년 여름 덥고 건조한 날씨가 형성된다. 하지만 최근에는 기후변화로 건조함이 강화되고 산불이 빈번히 발생해 전 호주대륙으로 확대 됐다. 호주는 1910년 기상관측 이래 처음으로 가장 적은 강수량을 기록했고 기온 또한 가장 높은 섭씨 48.9℃를 기록했다. 이번 산불은 폭염, 가뭄등과 기후변화가 겹쳐 역사상 최악의 산불을 만들어 냈다.45)

---

45) "온난화 따른 '인도양 쌍극화' …호주 대륙이 불탄다", [출처] 한겨레(2020.01.02)

기후위기로 확대된 호주산불은 우리나라 면적보다 넓은 1,000만 ha핵타르를 잿더미로 만들었다. 산불로 불탄 들판에 만연자실하게 앉은 코알라의 사진은 이번산불의 피해를 상징적으로 보여준다. 세계자연보호기금WWF에 따르면 그 재앙 속에서 희생된 코알라와 캥거루 등 야생동물은 12억 5천만 마리에 이른다고 한다. 여기에 양서류, 파충류, 곤충 등 조사되지 않은 동물들까지 합하면 천문학적인 생명이 희생되었을 것으로 추측한다. 또한 호주대륙에서만 서식하던 쇠주머니쥐와 희귀개구리들은 멸종했을 것으로 예상된다. 기후위기는 해수면 상승과 기후재난 등을 일으키지만, 최근에는 생물을 멸종시키는 것이 큰 문제가 되고 있다. 이제 기후위기와 생물멸종의 현실은 분리해서 생각할 수 없는 문제가 되었다.

올해 초 호주산불의 문제가 알려지기 시작할 무렵, 기후위기 비상행동은 희생된 이웃생명들의 넋을 기리고 기후위기의 대응을 촉구하는 촛불집회를 열었다. 이 집회에 참석한 시민과 종교인들은 죽어가는 생명을 애도했고 또한 기후위기의 결과가 어떤 것인지 공유했다. 기후위기의 결과는 생물멸종과 직결되는 사안임을 확인 할 뿐만 아니라. 즉각적인 행동을 요청하는 사건인 것이다.

---

http://news.zum.com/articles/57260188

2020년 1월 진행된 호주산불 촛불집회 포스터 / 출처: 기후위기 비상행동

코로나 19와 생물멸종

올 초 발병해 전 세계를 공포로 사로잡은 코로나 19는 생물멸종의 결과가 어떤 것인지 분명하게 보여준다. 코로나 19는 동물에게서 유래한 바이러스이다. 2002년에 발생했던 사스, 2009년에 발생했던 신종플루와 2012년 메르스 중동호흡기증후군까지 대부분의 바이러스 감염증은 야생동물을 통해서 전해진다. 인수공통의 감염병으로 알려진 이러한 감염증은 낙타, 돼지, 박쥐 등의 동물에 기생하던 바이러스가 여러 변이를 거쳐 사람에게 옮겨와 숙주로 삼게 된다. 이번 코로나 19의 중간 숙주는 개미핥기의 한 종류인 "천산갑"이라는 연구결과가 설득력을 얻고 있다. 중국에서 정력에 좋다고 밀매하던 멸종위기 야생동물은 인간에게 치명적인 바이러스를 옮겨온 것이다. 46)

---

46) "[인터뷰 사이]" "바이러스에겐 77억 인간이 블루오션" -사회생물학자 최재천 교수에게 '코로나19'를 묻다 [출처] 국민일보(2020.03.17) http://news.kmib.co.kr/article/view.asp?arcid=0924128240

열대우림의 숲이 파괴되고 야생동물이 멸종되면서 이러한 바이러스는 쉽게 사람에게 옮고 또 발달된 교통시스템을 통해 전 세계로 퍼져나갔다. 산업의 발달과 함께 확대된 기후위기와 생물멸종은 바이러스의 확대와 깊은 관계가 있다. 미래학자 제러미 리프킨Jeremy Rifkin에 따르면, 지구 표면의 대부분의 땅은 인간의 산업화 이후 개발되고 파괴되었다. 인간은 숲을 파괴하고 경작지를 만들었다. 1900년만 해도 인간이 사는 땅은 지구 전체의 14% 정도였지만 지금은 거의 77%로 확대 되었다. 또한 야생동물의 삶의 터전을 파괴하고 가축을 길렀다. 경작지와 농경지의 확대는 기후위기를 심화시키는 결과를 가져왔다. 또한 산업화 이전에는 인간의 삶에 큰 영향을 미치지 못하던 바이러스들을 아주 가깝고 빈번하게 발생시키는 결과를 가져왔다. 지구상에 존재하는 총 동물의 생물량을 100%로 가정한다면, 인간과 가축을 뺀 나머지 야생동물의 생물량은 4%에 지나지 않는다고 한다. 지구 생물량의 0.01%에 지나지 않은 인간은 야생포유류 80%이상을 멸종시키고 있는 것이다. 이러한 생물멸종의 문명에 대해 분노와 두려움을 느끼며 저항하는 시민들이 있다. 또한 이러한 저항은 구체적인 시민단체의 운동을 통해 세계적으로 확산되고 있다.

생물멸종을 경고하는 멸종저항Extinction Rebellion의 활동

2018년 영국에서 시작된 멸종저항Extinction Rebellion의 운동은 전 세계로 확산되며 생물멸종과 기후위기의 심각성을 경고하고 있다. 멸종저항은 지금의 상황이 비상사태를 선포해야하는 상황이라고 단언한다. 기후위기는 차분하게 절차대로 해결할 수 없는 파국에 직면한 재앙이 됐다고 판단한 것이다. 이러한 비상사태 속에서 이러한 시민들이 선택한 저항의 방법은 비폭력 불복종 비상행동이다.

이 단체가 주도하는 시위들은 시의회나, 자연사박물관, 교통량이 많은 다리 등을 불법적으로 점거하고 비폭력 시위를 진행한다. 2019년 4월에는 영국 워털루 다리에서는 다이-인Die-in 퍼포먼스가 진행됐다. 1,000여명이 불법적 비폭력 시위를 진행해 교통체계를 마비시키고 공공건물을 불법적으로 점유했다. 당연히 시위대는 체포되기도 했다. 또한 영국자연사박물관에는 전시된 공룡 뼈 아래 수 천명이 누워 다이-인 퍼포먼스를 진행해 인상적인 장면을 연출했다. 기후위기와 생물멸종에 직면한 우리의 모습이 공룡의 멸종과 다르지 않음을 상징적으로 표현한 것이다. 이 단체 참가자들은 기후위기와 생물멸종의 심각성과 긴박성을 알리기 위해 경범죄를 범하는 것은 크게 문제 삼지 않는다. 멸종저항에 영향을 받아 최근 기후위기 비상행동은 거리에 눕거나 점거하는 적극적인 시위가 늘고 있지만 전혀 낯설지 않다.

생물다양성과학기구UN-IPBES의 지구보고서

2019년 5월, 유엔 생물다양성과학기구IPBES, Science-Policy Platform on Biodiversity and Ecosystem Services에서 발표한 지구보고서[47]는 생물멸종이 얼마나 심각한지

---

47) 환경부 생물다양성(IPBES) 관련 자료 "생물다양성과학기구, 전 세계 생물다양성과 자연의 혜택 급속 악화 경고!" https://www.gov.kr/portal/ntnadmNews/1861784

과학적인 데이터를 통해 증명했다. 이 기구는 생물다양성 상실 및 생태계의 급격한 감소를 막기 위해 범 국가적으로 구성된 국가 간 국제협의체이다. 2010년 첫 회의를 시작으로 생물다양성의 보전을 UN 등의 국제기구의 지속가능한 개발이라는 목표아래 중 ,장기적 목표를 설정하고 지구보고서를 발표한다.

IPBES 지구보고서는 1970년대 이후 인간 활동의 급격한 증가와 관련된 실질적인 변화와 빠른 생태적 악화에 대한 포괄적이고 충격적인 증거를 제공한다. 이 보고서는 지구의 지표면 75%가 현저히 변형되었고, 해양 지역의 66%가 치명적인 상태에 있으며, 85% 이상의 습지가 사라졌음을 보여준다. 삼림 벌채 비율은 2000년 이후 다소 감소했지만, 2010년과 2015년 사이에 3천 2백만ha헥타르에 달하는 1차 산림은 여전히 손실되었으며, 산림의 파괴는 지속 불가능한 속도로 계속되고 있다. 결과적으로, 약 1백만 종의 동식물 종들이 현재 멸종 위험에 처해있다. 지난 500년 동안 이미 680종 이상의 동물 종이 사라졌다. 다양한 종류의 동식물이 사라지면 농업 시스템의 탄력성이 손상되고 세계 식량 안보에도 심각한 위험을 초래할 것이라고 경고한다.

이 보고서가 채택된 UN IPBES 제 7차 총회는 104개국 정부 및 국제기구 전문가 등 800여명 참여했다. 총회에 참석한 전문가들은 수년 동안 연구한 생물멸종의 원인을 발표했다. 이 보고서는 생물멸종의 주요한 원인으로 인간의 자연에 대한 변용과 파괴를 들고 있다. 인구증가와 맞물린 토지이용의 확대와 동식물에 대한 포획과 착취 등이 오늘날의 대멸종을 일으키고 있는 것이다. 또한 산업화의 결과인 기후변화와 지구온난화도 생물 멸종에 큰 원인이 되고 있음을 과학적으로 입증했다. 결과적으로 자연에 대한 착취와 폭력에 기반 한 생산 및 소비, 폐기의 삶을 변화시키지 않고는 생물 멸종을 막을 수 없다는 결론이다.

생물다양성협약 CBD, Convention on Biological Diversity

생물다양성과학기구와 함께 생물다양성 상실에 대한 국제적인 여론을 형성하는 것은 생물다양성 협약이다. 이 협약은 1988년 유엔 환경계획UNEP에 의해 생물종의 상실에 대한 국제협약이 필요함을 논의하면서 시작되었다. 국제기구의 협의체로 시작한 이 기구는 지구의 생물학적 자원과 가치를 현재 뿐만 아니라 미래세대에게 지속되도록 국가들 간에 협약을 체결한다. 생물다양성의 보전과 지속가능한 개발이라는 두 가지 상반된 입장을 적절하게 조율하는 국제 법적 협약이다.

이 협약의 환경철학은 생물다양성의 특징은 생명의 그물로서의 관계성이다. 지구상에 다양하게 엉켜있는 생명들과 다양하게 관계 맺는 자연의 패턴을 생명의 그물로 표현한 것이다. 이는 삶의 거미줄로 표현되기도 한다. 이러한 생명의 그물, 삶의 거미줄로서의 생물다양성은 인류 삶의 가장 필수적인 토대일 뿐만 아니라, 인류가 완전히 의존하는 우리의 삶의 일부분이기도 하다. 이 협약이 집중적으로 관심하는 대상은 당연히 동식물과 미생물 등 그리고 유전적 성질까지 확대된다. 이러한 지속가능한 환경철학의 토대위에서 생물다양성협약은 오늘 우리가 직면한 생물멸종에 대응하는 범 지구적인 대응 활동으로 대표된다.[48]

이 협약은 1992년 6월 3일 브라질 리우데자네이루에서 열린 유엔환경개발회의UNCED에서 기후변화협약과 함께 채택되었다. 이후 이 협약은 1992년 6월에 158개국 정부대표가 채결했고, 1993년 12월 29일부터 국제적으로 발효되었다. 우리나라는 1994년 10월 3일 가입했고 1995년 1월 1일부터 발효되었다. 이 협약에 참여하는 당사국들은 2년마다 당사국 총회를 열어 생물다양성을 지키기 위한 국제적인 노력을 기울인다. 이 협약은 크게 두 가지 부분에 중점을 두어 진행된다. 첫 번째는 당사국 차원에서 생물다양성의 보전의무와 대응상황을 협약으로 규정하는 것이고 두 번째는 가입국간의 국제적인 협력적 대응 규정으로 나눠진다.

생물다양성 협약은 국제적인 조약이지만 목표와 정책수립 및 실천은 국가가 책임지는 영역이다. 생물다양성을 파괴하는 기업이나, 토지 소유자, 어업이나 농업 등에 대한 조사와 규제는 결국 국가의 몫으로 돌아간다. 각 개별국가의 통제 없이는 이러한 협약은 큰 의미를 갖지 못하는 것이다. 이 협약은 생물다양성을 키기기 위한 각 개별국가의 정책지향과 방향을 설정할 뿐이다. 이

---

48) https://www.cbd.int/conferences/post2020

협약이 한계를 갖는 것은 바로 이러한 국제적 법적 구속력이 약하다는 것이다.

United Nations Decade on Biodiversity

　이 협약의 실천력을 높이기 위해 국제적인 협약의 이행과 약속이 중요하다, 협약을 이행할 책임은 각 개별 국가들에게 있지만, 다른 협약국가의 관계 속에서 구체적인 이행으로 진행될 수 있도록 압력과지지 ,후원 등이 필요하다. 이 협약은 당사국 정부뿐만 아니라, 비정부 기구, 학계, 민간 NGO 등의 참여를 요청하고 있다. 이러한 이해당사자들이 적극적으로 참여해야 생물멸종에 직면한 급격한 현실에 대응할 수 있기 때문이다. 특히 전문가 집단과 연구 그룹의 참여를 통해 각 당사국 정부가 구체적으로 협약을 이행하도록 노력하고 있다.

　이러한 구체적인 예로 2010년 10월 일본에서 진행된 나고야 10차 총회에서는 2020년 15차 총회까지 아이치 생물다양성 목표로 대표되는 생물다양성 전략계획을 세웠다. 이 계획은 생물다양성 관련 협약뿐만 아니라 국제기구에서 제시하는 다른 주제들과 함께 구체적인 대응을 할 수 있도록 지침을 정한 것이다. 2020년 이후에도 당사국 총회를 통해 국제사회가 함께 과학적 연구 조사결과를 바탕으로 생물다양성 상실에 대응할 수 있도록 국제연대활동을 계획하고 있다.

세계교회협의회WCC의 "생물다양성 위기에 대한 긴급성명서"

세계교회협의회WCC도 이러한 상황의 심각성을 인식하고 지난 2019년 5월 27일, 실행위원회를 통해 '생물다양성 위기에 대한 긴급 성명서'[49] 를 발표했다. 이 WCC의 성명서에 따르면, 지구상에 존재하는 동식물의 8분의 1에 해당하는 100만종이 멸종위기에 처했고, 이들 중 50만종은 생존할 수 있는 서식공간이 없는 것으로 조사됐다. 동식물의 서식처인 숲과 살림도 2000년 이후 매년 650만ha우리나라 전체 살림면적씩 사라지고 있는 현실을 폭로한다.

이 보고서는 세계적인 생물다양성 상실의 위기에 직면해 긴급하게 구조적 변화가 필요하다고 말한다. 하느님은 모든 피조물을 사랑으로 창조했고, 우리에게는 선하심으로 축복받은 동물과 식물을 사랑할 의무가 있다. 하나님 형상으로 창조 된 인간은 하나님의 크신 돌보심을 함께 나누고 공평하게 자원을 공유하기 위해 부름 받았다는 것이다. 또한 인간과 동식물 모두가 풍성한

---

49) 세계교회협의회 성명서 "The WCC Executive Committee Statement: The Global Biodiversity Crisis and the Urgent Need For Structural Change" https://www.oikoumene.org

삶을 누릴 수 있도록 동등한 지위를 허락하셨다.

그러나 점점 경제 중심의 우리의 삶은 끊임없는 성장에 이끌려 힘과 물질적 부에 대한 강박 관념을 갖게 됐다. 결과적으로 하나님의 피조세계는 현재와 미래의 온전함뿐만 아니라, 심지어 생존까지 위험에 빠지게 됐다. 이러한 생태계에 대한 인간의 부정적 영향은 우리자신의 미래에 영향을 미칠 것이다. 이미 인류는 가난하고 상처받기 쉬운 형제, 자매들과 원주민들의 삶을 파괴하고 있다.

WCC 긴급성명서는 생물 멸종의 위기 앞에 소비를 거부하는 삶을 제안하고 있다. 또한 개인과 공동체 모두 지금의 에너지 사용량과 쓰레기 발생량을 줄일 것을 요청한다. 이러한 요청은 교회공동체의 새로운 가치를 설정해야 할 뿐만 아니라 실천하는 과정에 발생하는 사회구조적 문제, 즉 성차별, 불평등의 문제도 해소해야 한다고 강조한다. 이 선언문은 생물 멸종이라는 생태학적 문제를 인권적 요소, 부의 공평한 분배 등과 함께 언급하고 있다. 이번 WCC 선언문은 생물 멸종의 문제를 포괄적인 사회문제로 인식하며, 신앙공동체가 구조적이고 변혁적인 세계변화를 견인하도록 요청하고 있다. 기후위기와 생물멸종의 위기는 생태정의의 측면에서 교회들의 대응과 실천이 필요로 한다. 이 보고서는 세계교회들의 구체적인 실천과 활동을 요청하면서 다음과 같은 7가지 실천 사항을 발표했다.

(1) 계속 증가하는 소비를 거부하는 선한 삶에 대한 전망을 촉진합니다. (2) 인구 증가와 현실적인 개인소비를 포함해서 총 소비량

과 쓰레기를 줄입니다. (3) 지속 가능성을 위한 새로운 사회적 규범을 달성 할 수 있도록 책임 있는 가치를 설정합니다. (4) 지속 가능성을 위한 능력을 약화시키는 소득 및 성차별 등의 불평등을 해소합니다. (5) 모든 요소들을 포함하는 의사 결정을 통해 자원의 사용과 보전 결정할 수 있도록 하고, 인권적 기초에 기반 해 이익을 공정하고 공평하게 분배할 수 있도록 보장합니다. (6) 국제 무역에 포함된 경제 활동에 의해 발생한 생태적 악화를 설명합니다. (7) 친환경적 기술 및 사회 혁신 보장; 원주민에 의해 유지되거나 관리되는 지역에서 생태 파괴가 덜 진행되었다는 것을 지적하면서, 교육을 증진하고, 지식을 창출하고, 다른 지식 체계를 유지할 것을 강조합니다.

생물/생명다양성 Biodiversity의 뜻과 의미

생물의 다양성Biodiversity은 하나님이 한 처음 창조세계를 만드실 때 창조의 원리라고 할 수 있다. 다양한 생명들은 그 다양성 속에서 온전한 창조세계를 구성한다. 하지만, 인간은 자신의 욕망을 채우기 위해 그 생명의 다양성을 파괴했다. 한 처음 하나님의 창조 원리인 생물다양성을 다시 회복하기 위해 이 용어의 뜻과 의미를 온전히 이해할 필요가 있다.

생물生物다양성은 외국어를 번역한 학문용어이기 때문에 일부 단체들은 "생명" 다양성으로 번역하기도 한다. 생물다양성은 생물학의 용어로 "한지역의 생물종의 수"를 지칭하는 자연과학의 용어이다. 반면 생명다양성으로 번역하는 사람들은 이 뜻을 "인간과 이웃생명들을 포함하여 이 땅을 공유하는 모든 생명과 삶의 방식"을 아우르는 개념이라 말한다생명다양성 재단. 하나님이 창조하신 창조세계와 그 섭리를 회복하기 위해 노력하는 교회는 생물다양성의 개념을 신앙적 신학적으로 숙고하고 적극적으로 알려내기 위해 노력할 필요가 있다.

생물다양성의 개념은 1988년 미국의 생물학자 에드워드 윌슨Edward O. Wilson에 의해서 정립되고 세상에 널리 알려졌다. 생물들의 생태를 연구하던 윌슨은 지구상의 생물이 존재하는 다양한 모습을 통칭하는 개념을 착안했다. 또 생물종의 다양성뿐만 아니라, 유전자의 다양성, 생물 서식지의 다양성을 모두 포함해서 생명다양성을 정의하게 된다. 또한 생명다양성은 인간의 유전자에 새겨져 있는 본능적인 생명사랑의 성향을 강조한다. 윌슨이 직접 작명한 바이오필리아Biophilia는 "생명사랑" 이라는 뜻을 담고 있다.50) 인간의 생물학적 지향이 생물의 다양함을 사랑하는 생명사랑이 담겨있는 주장으로 기독교 신앙과 대화할 연결점이 만들어 진다. 오늘날 생명의 다양성의 지켜내는 것은 하나님이 명하신 이웃생명을 사랑하는 것임을 깨닫게 하는 것이다.

---

50) 유네스코한국위원회 기획/ 최재천 외 6명 지음, 『생물다양성은 우리의 생명』 궁리 (2010)

성서의 생물다양성 이야기

구약성서의 창조 이야기는 두 가지 이야기가 공존한다. 이 창조 이야기들은 다양성 측면에서 성서를 다시 이해하게 하는 중요한 소재이다. 첫 번째 창조이야기 1장 27절 "자연을 정복하고 다스리라, 통치하라"는 히브리어 "라다"와 정복하라는 "카바쉬"를 사용한다. 미국의 사회학자 린 화이트는 이러한 정복의 언어가 생태학적 위기의 근원이라고 문제제기 하기도 했다. 하지만, 이후에 이어지는 말씀은 통치권을 하나님께로부터 위임 받았지만, 인간은 동물들을 먹어서는 안 된다고 말한다.51) 육지와 해상에 있는 동물들에 대한 살육이 금지된 것이다. 이를 채식의 원칙으로 바라보는 신앙인들도 있지만, 우리는 생물다양성 상실에 직면해 동물에 대해 어떤 자세를 취해야하는지 신앙적 지침을 읽을 수 있을 것이다. 이웃생물의 삶을 다양성 측면에서 바라보고 그들의 생존권을 지키기 위해 성서적 가르침을 강조하는 것이다. 인간의 육식을 위해 대량으로 학살당하는 동물들, 특히 공장식 축산과 비윤리적 육식에 대해 성서의 관점으로 비판해 볼 수 있을 것이다.

두 번째 창조이야기는 생물다양성을 다른 동물들과의 관계 속에서 이해하게 한다. 하나님의 창조아래 인간은 다른 동물들과 이웃으로 관계 맺고 더불어 살아가게 됐다. 창세기 2장 18절과 19절은 하나님이 동물들과 인간을 어떤

---

51) 데이빗 G. 호렐 / 이영미 옮김, 『성서와 환경, 생태성서신학 입문』 한신대학교 출판부 (2014). P.51

관계 속에서 창조하셨는지 설명하고 있다.

> 야훼 하느님께서는 "아담이 혼자 있는 것이 좋지 않으니, 그의 일
> 을 거들 짝을 만들어주리라. 하시고, 들짐승과 공중의 새를 하나
> 하나 진흙으로 빚어 만드시고, 아담에게 데려다 주시고는 그가 무
> 슨 이름을 붙이는가 보고 계셨다. 아담이 동물 하나하나에게 붙여
> 준 것이 그대로 그 동물의 이름이 되었다." 창세기 2장 18-19절

창세기 2장의 창조이야기는 아담으로 대표되는 인간의 짝이 동물들이었음
을 말해준다. 물론 2장 19절 이하의 말씀에서는 아담의 짝으로 하와를 보내주
시지만, 사람의 짝 이전에는 동물들을 통해 사람의 삶을 돕고 풍요롭게 만드
는 역할을 하게 하셨다. 인간은 하나님이 보내신 동물들을 만난 후 하나하나
그들의 이름을 지어준다. 이름을 지어주는 행위는 그를 온전한 존재로 받아
드리는 것이고, 또한 그 존재를 통해 나의 존재를 확인하는 일이기도 하다. 인
간은 동물의 이름을 부르며 그들과 관계 맺고 진정한 창조의 동반자로서 관계
를 맺게 된다. 각각의 동물들은 창조섭리의 다양성 속에서 각자의 삶과 소명
을 갖고 있다.

동물의 삶에 대한 존중과 가치 부여는 구약의 예언서들 속에 나타나 있다.
이사야 24장 20절에는 땅이 범죄로 가득하다는 표현이 나온다. 이러한 땅의
타락은 인간을 중심으로 한 타락이다. 반면 요나서 3장 7절에는 인간에 의해

타락한 땅과는 대조적으로 니느웨의 동물들이 회개하고 하나님의 구원에 역사에 동참하는 주최로 나타나 있다. 구약성서의 요나서는 동물들이 인간보다 하나님의 뜻을 따르는 참된 자녀로 묘사된 것이다.

생물다양성 측면에서 동물들에 대한 구약성서의 이야기 중 가장 흥미로운 것은 노아의 계약 부분이다. 하나님은 타락한 인간을 홍수로 멸망시키신 후 새로운 계약을 맺게 된다. 이 새로운 계약은 모든 살아있는 것들과 생명체들과 맺은 계약으로서 지구공동체 전체와 맺는 축복의 언약이다. 이 언약 창세기 9 장 1-17절 에서는 하나님께서 지구의 다양한 종을 풍성하게 하시려는 생명다양성의 상징으로 읽을 수 있다.52)

"이제 나는 너희와 너희 후손과 계약을 세운다. 배 밖으로 나와,

너와 함께 있는 새와 집짐승과 들짐승과 그 밖에 땅에 있는 모든

짐승과도 나는 계약을 세운다." 창세기 9장 9-10절

구약성서는 동물뿐만 아니라, 식물에 대해서도 생명의 다양성이 얼마나 소중한지 이야기를 전해준다. "나무가 자라 열매를 맺기 시작할 때부터 첫 3

---

52) 위의 책 P. 88

년 동안에는 열매를 수확하지 않고 그래도 썩게 만들어 토양을 기름지게 하고"레위기 19장 23-25절, 7년마다 한해씩 수확 안식년을 가지게 했다레위기 25장 8-13절. 식물들의 온전한 생명을 위해 추수를 미루는 지혜와 농지의 안식을 지키는 율법은 생명다양성을 지키는 중요한 사례가 될수 있을 것이다. 개인의 토지소유를 49년으로 제안하는 희년사상은 토지의 세습화와 사유화를 막을 뿐만 아니라, 토지의 오염 막고 땅을 살리는 생물다양성의 지혜라 할 수 있다.

구약성서 뿐만 아니라 신약성서에서도 생물다양성은 예수의 중요한 가르침으로 읽을 수 있다. 마가복음 1장 13절을 분석하며 신학자 바욱캄Bauckam, Richard J.은 "그는 야생동물과 함께 있었다"는 글을 썼다. 이는 복음서가 하나님이 창조하신 모든 피조물과 지구공동체가 평화를 다시 세우기 위한 기대 속에서 종말론적 조화를 강조했다는 것이다. 인간이 동물을 먹는 포식의 관계는 생명체가 타락한 이후에 생겨난 것이기 때문에 왜곡된 자연과의 관계로 볼 수 있다. 이러한 왜곡된 관계를 푸는 것은 이웃생명 특히 동물들과 평화로운 관계를 유지하는 것일 수 있다. 이러한 예수의 가르침은 구약의 의인의 삶과 일맥상통하고 또 다윗 형통의 메시아의 도래와 같은 사건이다. 이것을 바욱캄은 "예수가 이룩한 야생동물과의 메시야적 평화"라고 강조한다. 복음서는 구체적인 생물다양성을 언급하지 않지만 은유적으로 또 메시아 선포의 종말론적 비전 안에서 생물다양성 상실에 반대하는 생태적 시선을 찾을 수 있게 한다.[53]

---

53) 위의 책 P. 128-129